CW01642682

NIVEL B1 Serie Aires de fiesta

El Camino de las Estrellas

Un viaje por el Camino de Santiago

Clara Villanueva
Josefina Fernández

El Camino de las Estrellas

Autoras
Clara Villanueva y Josefina Fernández

Edición
Mª Ángeles González

Diseño cubierta
Óscar García Ortega

Diseño de interior y maquetación
Juan Carlos P. Romero

Fotografías
Cubierta: José Antonio Gil Martínez/flickr.com; p. 6: José Antonio Gil Martínez/flickr.com; p. 14: Marco Chiesa/flickr.com; p. 24: Nick Inman; p. 34: José Antonio Gil Martínez/flickr.com; p. 44: MarcoChiesa/flickr.com; p. 54: Luis Villa del Campo/flickr.com; p. 62: Sergio/flickr.com; p. 70: Gregorio Casas/flickr.com; p. 80: Luis Solarat/flickr.com; p. 88: Nick Inman; p. 98: Josef Grunig/flickr.com; p. 108: Jule Berlin/flickr.com; p.118: Javier Lopez Bravo/flickr.com; p. 128: Xindilo/flikcr.com.

ISBN: 978-84-8443-703-1
Depósito Legal: B 25802-2013
Reimpresión: octubre 2021
Impreso en la UE

MIXTO
Papel procedente de fuentes responsables
FSC™ C134275
www.fsc.org

difusión
Centro de Investigación y Publicaciones de Idiomas, S. L.

C/ Trafalgar, 10, entlo. 1ª
08010 Barcelona
Tel. (+34) 93 268 03 00
Fax (+34) 93 310 33 40
editorial@difusion.com

www.difusion.com

El Camino de las Estrellas *es a la vez un libro de viajes y una novela de misterio.*

El lector conoce la cultura española a la vez que se ve envuelto en un misterio que acompaña a la protagonista hasta el final de su viaje.

Descubre los lugares más emblemáticos del Camino de Santiago: monumentos, gastronomía, fiestas, leyendas y muchas curiosidades.

1

Ultreia et Suseia
La mochila de Amy
6 - 13 COMIENZA EL CAMINO

2

De héroes y misterios
El Cantar de Roldán
14 - 23 RONCESVALLES

3

El juego de la oca
El juego de la oca
24 - 33 PUENTE LA REINA

4

Las Vírgenes negras
Las Vírgenes negras
34 - 43 ESTELLA

5

La cuna del castellano
Las *Glosas Emilianenses*
y el origen del castellano
44 - 53 NÁJERA Y SAN MILLÁN

6

Donde cantó la gallina después de asada
El milagro del ahorcado
54 - 61 SANTO DOMINGO DE LA CALZADA

7

El Cantar de Mio Cid
El Cid
62 - 69 BURGOS

8

Juego de luces
Las vidrieras
70 - 79 LEÓN

9

Cruce de caminos
Gaudí y el Modernismo
80 - 87 ASTORGA

10

El cocido al revés
Los maragatos
88 - 97 CASTRILLO DE LOS POLVAZARES

11

Tierra de templarios
Los templarios
98 - 107 PONFERRADA

12

El Santo Grial
El milagro del grial
108 - 117 O CEBREIRO

13

Conversación en la cripta
Ritual de llegada del peregrino
118 - 127 SANTIAGO DE COMPOSTELA

14

Misterio resuelto
Un poco de historia
128 - 135 FINISTERRE

Mochilas de peregrinos

Ultreia et Suseia

1 COMIENZA EL CAMINO

Me llamo Amy Randall y soy inglesa. Trabajo de periodista en una revista en Londres y mi redactora jefe me ha enviado a España para hacer un reportaje sobre la ruta más fascinante de Europa: el Camino de Santiago.

Es una peregrinación[1] milenaria a la ciudad de Santiago de Compostela, en Galicia, una región situada en el noroeste de España. Mi trabajo consiste en hacer el Camino como lo hacen los verdaderos peregrinos, es decir, a pie. Tengo un mes para recorrer los 750 kilómetros que hay desde los Pirineos, en la frontera con Francia, hasta Santiago de Compostela.

No soy la primera ni la única que recorre esta camino, que se llama también la Ruta Jacobea o el Camino de las Estrellas. Desde hace más de mil doscientos años, millones de personas de toda Europa han recorrido a pie esa misma ruta que yo estoy a punto de emprender[2].

Todo empezó con una leyenda medieval[3] que cuenta que el apóstol Santiago el Mayor, uno de los doce discípulos de Jesús, fue a predicar[4] a España. Tiempo después,

1 peregrinación: viaje, normalmente a pie, que se hace a un santuario u otro lugar santo.

2 emprender: comenzar algo que presenta alguna dificultad.

3 medieval: relacionado con la Edad Media, período de la historia de Europa desde finales del siglo V hasta finales del XV.

4 predicar: dar a conocer, difundir unas ideas, normalmente religiosas.

en el año 44, volvió a Jerusalén, donde fue decapitado[5]. Sus discípulos trasladaron su cuerpo a un lugar llamado Iria Flavia, en la costa de Galicia, en una barca sin velas[6] ni timón[7]. Cerca de allí se encontró, en el siglo IX, una tumba con unos huesos, y el obispo Teodomiro declaró que eran los restos del apóstol. La leyenda cuenta que el obispo fue guiado hasta los huesos por una estrella, por eso el lugar se llamó Compostela, que según la tradición popular significa "campo de estrellas".

Sin embargo, también hay autores que afirman que antes del descubrimiento de los huesos de Santiago, ya había peregrinos que iban a Galicia para llegar hasta el Finisterre, el punto más occidental de Europa, donde se pensaba que terminaba la Tierra.

A partir del siglo X, la peregrinación a Santiago se convirtió en la más importante de la cristiandad[8]. Jerusalén, la Ciudad Santa, estaba demasiado lejos, y el camino a Roma, donde vive el Papa, lleno de bandidos, así que Santiago se hizo tan popular como cualquier destino turístico de masas de nuestros días. A lo largo del Camino se construyeron calzadas[9], iglesias, monasterios, puentes y hospitales para los peregrinos, y alrededor de estas construcciones se fundaron muchos de los pueblos y ciudades actuales.

Los peregrinos iban a Santiago para que se les perdonaran sus pecados o movidos por la devoción religiosa. Llevaban siempre un bastón, una calabaza para el agua y, lo más importante, una concha de vieira, un crustáceo que vive en las costas gallegas.

En la Edad Media, la concha de vieira era el símbolo por el que se reconocía a los peregrinos que iban a Santiago, y era tan conocido en toda Europa como ahora lo son los logotipos de las marcas de bebidas o de ropa.

Al principio había muchos caminos diferentes, pero los reyes de Castilla y de Navarra los unificaron para sacar provecho

5 decapitar: cortar la cabeza.
6 velas: telas fuertes que se atan a los mástiles de un barco para recibir el viento y así hacer que la nave avance.
7 timón: pieza móvil colocada en la parte delantera de un barco, la proa, y que sirve para dirigirlo.
8 cristiandad: comunidad formada por las personas cristianas.
9 calzada: camino hecho de piedras.

económico del gran flujo de viajeros. Para ello siguieron los consejos de los monjes de la orden francesa de Cluny. Estos monjes encargaron, en el siglo XII, el llamado *Codex Calixtinus*, escrito por Aymeric Picaud y considerado el primer libro de viajes de la historia.

De las varias rutas que existen hoy yo voy a seguir el Camino Francés, uno de los más utilizados por los extranjeros. También se le llama Camino de las Estrellas porque sigue por el cielo la senda que marca la constelación de la Vía Láctea. Esta ruta pasa por siete provincias del norte de España: Navarra, La Rioja, Burgos, Palencia, León, Lugo y La Coruña.

Después de la Reforma Protestante[10] en el siglo XVI, la peregrinación fue reduciéndose, pero en el siglo XX volvió a ser muy popular. En el año 1998 la UNESCO declaró el Camino de Santiago Patrimonio de la Humanidad. En la actualidad unos diez millones de personas llegan a Santiago cada año. No todos van andando; muchos lo realizan en coche o en autocar, pero para obtener el título de peregrino hay que demostrar que se han hecho 100 kilómetros a pie, o 200 kilómetros en bicicleta o a caballo.

Hoy en día para hacer el Camino de Santiago no hace falta ser cristiano, mucha gente lo recorre como una experiencia de vida, por turismo o simplemente para conocer gente y conocerse a sí mismo. Yo no soy religiosa, y voy a hacerlo por motivos profesionales, pero siento un extraño presentimiento, como si en lugar de realizar la investigación para un reportaje estuviera a punto de emprender un viaje iniciático.

He decidido hacerlo en junio porque no hace ni demasiado frío ni demasiado calor. Supongo que habrá bastante gente porque es la mejor época del año. Además, muchos peregrinos planean su viaje para llegar a Santiago el día 25 de julio, que es el día del santo.

10 **Reforma Protestante:** en la historia del cristianismo, movimiento religioso contrario a numerosas prácticas de la Iglesia del siglo XVI y que tuvo como consecuencia que una gran parte de Europa dejara de obedecer al Papa.

Me he preparado físicamente: para entrenarme me he comprado unas botas ligeras que me sujetan bien los tobillos y he pasado dos semanas andando sin parar. Con una media de 25 kilómetros por día, creo que tardaré más o menos un mes en llegar. También me he documentado: he leído libros y guías y he consultado los mapas, pero a la hora de la verdad[11] no sé si seré capaz de resistir sola tantas horas de ruta.

Me preocupa el cansancio, la soledad, el mal tiempo, las ampollas[12] en los pies, los posibles ladrones, pasar la noche en dormitorios comunes con gente que no conozco, comer demasiados bocadillos... pero seguro que encuentro mucha gente interesante y me muero de ganas[13] de empezar.

Delante de mí se extiende una ruta muy larga. He oído decir que la peregrinación nunca sale como estaba prevista y que hay que estar abierto a lo que va pasando. Estoy dispuesta a disfrutarla y a vivir cada día como venga. Para empezar ya he aprendido a decir *¡Ultreia et Suseia!* Es el saludo de los peregrinos, una frase antigua que proviene del latín y que significa "más allá y más arriba".

Comienza el Camino

11 la hora de la verdad: el momento de hacer algo.
12 ampolla: especie de pequeña bolsa que se forma en la piel, sobre todo en los pies por el roce del zapato.
13 morirse de ganas: sentir un gran deseo de hacer o tener algo.

La mochila de Amy

Preparar la mochila del peregrino no es fácil porque hay que pensar en todo lo que puede hacer falta y al mismo tiempo llevar lo imprescindible para no cargar demasiado peso a la espalda.

Esto es lo que yo llevo en la mía:

• para dormir: un saco, una esterilla[14] y una funda de almohada.

• ropa: un pantalón corto, uno largo, dos camisetas, un camisón, ropa interior, seis pares de calcetines de algodón, un impermeable para la lluvia, un jersey y un sombrero (en el que he cosido una concha de vieira).

• cubiertos: una cuchara, un tenedor y una navaja[15], además de una cantimplora para llevar agua.

• bolsa de aseo: un cortaúñas, un peine, gel de baño y champú, un cepillo de dientes, dentífrico, imperdibles[16], crema solar, desodorante y pañuelos de papel.

• botiquín: esparadrapo[17], aguja e hilo para las ampollas, tiritas[18], tijeras, alcohol, paracetamol y árnica para las agujetas[19], y un bastón para los terrenos difíciles.

• documentos: pasaporte y tarjeta de crédito; un poco de dinero en efectivo y un mapa.

• material de trabajo: un cuaderno y un bolígrafo (desgraciadamente no puedo llevar mi ordenador portátil), un mapa y una cámara de fotos.

14 **esterilla:** especie de alfombra que se utiliza para tumbarse sobre ella.
15 **navaja:** cuchillo que puede cerrarse guardando la hoja en el mango.
16 **imperdible:** alfiler con un cierre de seguridad que se utiliza para sujetar telas.
17 **esparadrapo:** tela adherente que se pone directamente sobre la piel para cubrir heridas.
18 **tirita:** variedad de esparadrapo que se vende ya cortado en distintos tamaños.
19 **agujetas:** dolor muscular que se siente después de algún ejercicio físico intenso.

A VER SI HAS ENTENDIDO

1 Responde a estas preguntas:

a ¿Cuáles eran las dos ciudades donde peregrinaban los cristianos antes de la existencia del Camino de Santiago?

b ¿Por qué elige Amy el mes de junio para realizar el Camino?

c ¿Por qué crees que la ruta que va a realizar Amy se llama el Camino Francés?

d ¿Qué material de trabajo lleva Amy en su mochila?

e ¿Por qué crees que no lleva el ordenador portátil?

2 ¿Verdadero o falso?

	V	F
a El apóstol Santiago el Mayor murió de muerte natural.		X
b Para obtener el título de peregrino hay que recorrer al menos 200 km a pie.		X
c La peregrinación a Roma era peligrosa a causa del mal tiempo.		X
d Todas las personas que hacen el Camino de Santiago son cristianas.		X
e En la Edad Media se pensaba que la Tierra terminaba en Finisterre.	X	
f Amy realiza el Camino de Santiago por motivos profesionales.		X

3 Completa estas frases según el texto:

a Los discípulos de Santiago trasladaron su cuerpo a ______

b A lo largo del Camino de Santiago se construyeron ______

c Los peregrinos llevaban siempre ______

d El *Codex Calixtinus* está considerado ______

e El Camino Francés se llama también Camino de las Estrellas porque ______

f *Ultreia et Suseia* es una frase que proviene del latín y que significa ______

4 Ordena cronológicamente las siguientes frases:

- [ ] La peregrinación a Santiago se convirtió en la más popular de la cristiandad.
- [ ] Unos 10 millones de personas hacen la peregrinación cada año.
- [ ] Tras morir en Jerusalén, Santiago fue trasladado a España.
- [ ] La peregrinación a Santiago empezó a perder importancia.
- [ ] Santiago fue declarada Patrimonio Cultural de la Humanidad.
- [ ] Cerca de Iria Flavia se encontró una tumba con huesos, la tumba de Santiago según el obispo Teodomiro.
- [ ] Santiago vino a España a predicar.

5 ¿Dónde va cada objeto? Coloca cada cosa en su sitio.

dentífrico, cepillo de dientes, tiritas, esparadrapo, crema solar, gel, champú, desodorante, alcohol, peine, cortaúñas, árnica, paracetamol

Bolsa de aseo: ____________________ **Botiquín:** ____________________

6 Escribe la palabra adecuada para las siguientes definiciones:

a Muy antiguo, con mil años de antigüedad: ____________________

b Un trayecto muy largo: ____________________

c Conjunto de estrellas fijas que forman una figura: ____________________

d Casa o convento donde viven hombres o mujeres pertenecientes a una orden religiosa: ____________________

e Recipiente de metal u otro material que se utiliza para mantener el agua fría: ____________________

f Tela con la que se recubre la almohada: ____________________

7 ¿Existe en tu país alguna peregrinación religiosa? ¿A qué religión pertenece? ¿En qué época del año se produce y en qué consiste?

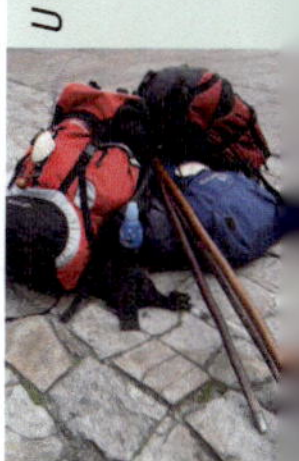

Abadía de Roncesvalles

De héroes y misterios

2 RONCESVALLES

La primera etapa de mi viaje comienza en Roncesvalles. Este pueblo, que se llama Orreaga en euskera[1], fue desde el siglo IX un refugio para los peregrinos que empezaban el Camino a Santiago desde Francia, pero mucho antes fue escenario de una batalla que se cuenta en un famoso poema épico[2] llamado *El Cantar de Roldán*.

Lo primero que hago al llegar a Roncesvalles es ir al centro de atención al peregrino que hay en la Casa Prioral para que me den mi credencial. La credencial es el documento que deben llevar todos los peregrinos. Es una cartulina con varias páginas donde hay varias casillas[3].

–En cada etapa, cuando pases por un albergue o por una iglesia te pondrán un sello –me explica el señor que me atiende. La credencial sirve sobre todo para poder dormir en los albergues, pero también sirve para obtener la compostela.

–¿Qué es la compostela? –pregunta una chica que ha llegado al mismo tiempo que yo. Por el acento parece que es francesa.

1 **euskera:** lengua de origen desconocido que se habla en una región que abarca el País Vasco español y una zona de Navarra, en el norte de España, y el País Vasco francés, en el suroeste de Francia. En español esta lengua se llama vasco.

2 **poema épico:** obra literaria larga en verso que narra las hazañas de un héroe.

3 **casilla:** división de un papel en espacios cuadrados.

–Es un papel que te darán cuando llegues a la catedral de Santiago y muestres la credencial rellena. Es sobre todo un recuerdo pero también para demostrar que has realizado la peregrinación.

–¿Cómo sabré por dónde tengo que ir? –pregunto un poco inquieta porque no soy muy buena interpretando mapas.

–Todo el camino, desde aquí hasta Santiago, está marcado con flechas amarillas.

–¿Todo el camino está marcado? –pregunta la francesa–. ¿Casi 800 kilómetros están marcados?

–Sí; no tiene pérdida[4] –nos asegura el señor, que además nos da algunos consejos–. Hay que ir poco a poco –añade–, llevar siempre agua y frutos secos para reponer fuerzas y evitar las horas de más calor.

–Si hace mucho calor, entonces es mejor caminar por la noche, ¿no? –pregunta la chica.

–No, por la noche es peligroso, pero si lo hacéis, tenéis que llevar ropa fluorescente para que os vean los coches.

Al salir a la calle, la francesa me tiende la mano y se presenta:

–Me llamo Véro y soy de Aurillac, una pequeña ciudad de Francia.

–Yo soy Amy –respondo–. Soy inglesa.

Juntas vamos al Refugio de los Peregrinos de la Real Colegiata de Roncesvalles a inscribirnos y a dejar las mochilas.

El albergue no es muy acogedor que digamos. Desgraciadamente no tiene habitaciones individuales, pero voy a tener que acostumbrarme a este tipo de alojamiento.

–¡Aquí caben al menos cien personas! –exclamo al contemplar la gran sala llena de literas[5]. No me hace gracia dormir con tanta gente. Si alguien ronca pasaré la noche en blanco[6].

4 no tener pérdida: ser fácil de encontrar.
5 litera: cama que se encuentra encima o debajo de otra.
6 pasar la noche en blanco: no poder dormir en toda la noche.

Como no hay armarios ni taquillas, cojo mi cartera, donde llevo mis documentos, mi tarjeta de crédito y un poco de dinero, y dejo el resto en la mochila sobre la cama.

En la litera de al lado hay otra chica que también viaja sola. Es muy alta y se llama Katie.

–Yo también soy inglesa, soy de Norfolk –dice al presentarse.

–¿Qué hora es? –me pregunta Véro–. Tengo que ir a la misa[7] de los Peregrinos. Empieza a las ocho. ¿Tú eres creyente[8]? –le pregunta a Katie.

–Yo soy protestante y no creo en los santos –le explica la inglesa–, pero voy a hacer el Camino para conocerme mejor a mí misma. Además me gusta mucho caminar.

–¿Y tú? –me pregunta Véro.

–Yo soy agnóstica[9] –respondo– pero hago el Camino como parte de mi trabajo. Soy periodista. Estoy haciendo un reportaje para una revista.

La misa se celebra en la colegiata de Nuestra Señora de Roncesvalles, una iglesia gótica[10] que tiene una bonita talla[11] de la Virgen con el Niño. Esta talla es de madera recubierta de plata. Cuando termina la misa decidimos quedarnos a visitar la colegiata.

–Su planta rectangular con tres naves[12] se inspira en Nôtre Dame de París –Véro lee en voz alta en la guía–. Fue construida entre los años 1194 y 1215 por orden de Sancho el Fuerte, rey de Navarra. Imagínate cuántos peregrinos habrá visto pasar. Millones.

Al lado del claustro[13] se encuentra la sala capitular. Allí está enterrado Sancho el Fuerte, que era altísimo: medía dos metros. Sancho venció a los árabes en 1212, en otra famosa batalla, la

7 misa: ceremonia de la Iglesia católica en la que se recuerda la Última Cena de Jesús y sus apóstoles.
8 creyente: persona que cree en la existencia de Dios o algún otro ser superior.
9 agnóstico: persona que ni afirma ni niega la existencia de Dios.
10 gótico: estilo artístico desarrollado en la Europa occidental desde finales del XII a principios del XVI.
11 talla: escultura, imagen.
12 nave: espacios separados por muros o arcos en que se divide una iglesia u otros edificios.
13 claustro: galería interior del patio de un monasterio.

de Las Navas de Tolosa. En la sala se exponen también su maza[14] y unas cadenas.

–¿Qué son esas cadenas? –pregunta Katie.

–Aquí dice que son las que arrancó Sancho el Fuerte de la tienda del califa durante la batalla. Son el símbolo de Navarra –contesta la francesa.

Mientras Véro y Katie siguen dando una vuelta por la iglesia yo me quedo sola contemplando la vidriera donde se representa la famosa batalla. La luz multicolor que se filtra por la ventana le da a la capilla un aire misterioso, como si fuera el escenario de una película de miedo. De repente noto algo debajo de mi pie. Me agacho a recogerlo pensando que es un pedazo de papel que alguien ha dejado caer por descuido. No me gusta que la gente tire papeles en los monumentos y pienso llevarlo a la papelera, pero al cogerlo me sorprende ver que es un trozo de pergamino[15] que parece muy viejo. Al desenrollarlo veo que contiene un trocito de cristal coloreado. Parece parte de una vidriera[16] antigua. Pienso que ha podido caerse de la ventana y miro hacia arriba para ver si a la vidriera de la batalla le falta algún pedazo, pero parece completa. Entonces me doy cuenta de que en el trozo de pergamino hay algo escrito con tinta deslavada:

"Sobre las aguas pasarás y bajo el puente me encontrarás".

En ese momento viene Katie a buscarme.

–Es la hora de ir a cenar –me dice–. A las diez cierran el albergue y ya no lo abren hasta mañana. ¿Vienes?

Todavía extrañada por lo que acabo de encontrar, me meto el pedazo de vidrio y el pergamino en el bolsillo y la sigo.

Tal y como me temía, mi primera noche es un desastre. A las tres de la mañana me pregunta Véro, que se acuesta en la cama de abajo:

14 maza: palo con una pieza pesada en su extremo que se utilizaba como arma de guerra.

15 pergamino: piel de un animal que es tratada para poder escribir en ella.

16 vidriera: conjunto de vidrios, normalmente de colores, unidos con hilo de plomo que se coloca en puertas o ventanas.

–¿Amy, estás dormida?

–No, con tanto ronquido no puedo pegar ojo[17] –le contesto.

–Yo tampoco. Y estoy aburrida, llevo despierta toda la noche.

Cuando ya empiezo a dormirme, sobre las seis de la mañana, alguien enciende la luz y despierta a todo el mundo. Ha llegado la hora de levantarse; la hora de la verdad.

Al vestirme, muerta de sueño[18], noto algo en el bolsillo de mi pantalón. Es el trozo de vidrio y el pergamino. Pienso que debo tirarlo a la basura para no llevar más peso, pero algo me impide hacerlo y me lo guardo en el fondo de la mochila. Quizás pueda significar algo, o simplemente me dé suerte, pienso. En la mochila llevo lo indispensable para un mes, pero debo tener cuidado de no meter nada extra porque, si no, cada día que pase me pesará más.

Hoy va a hacer sol. Tras desayunar y untarme crema solar en la cara, me pongo el gorro en la cabeza, cojo mi bastón y me pongo en marcha, pero antes me despido de Katie y de Véro. Ellas han decidido hacer el Camino juntas pero yo prefiero empezarlo sola.

–Estoy segura de que volveremos a vernos –dice Véro, dándome dos besos en las mejillas.

Tengo una extraña sensación en el estómago, una mezcla de excitación y miedo, pero ahora ya no puedo volverme atrás.

Salgo de Roncesvalles y empiezo a andar en dirección a Burguete. A la salida de este pueblo me espera la Cruz de los Peregrinos, un bonito crucero[19] gótico de piedra del siglo XV. En los alrededores busco una piedra pequeña que voy a llevar conmigo. Quiero depositarla bajo otra cruz, una que hay en los Montes de León. La tradición dice que cada peregrino debe llevar una piedra durante el viaje para depositarla allí y pedir un

17 no pegar ojo: no poder dormir.
18 estar muerto de sueño: tener mucho sueño.
19 crucero: cruz grande que se alza en un camino.

deseo al mismo tiempo. Ya sé que todavía está muy lejos, pero estoy dispuesta a cumplir todos los ritos, como un auténtico peregrino.

El Cantar de Roldán

El Cantar de Roldán es un poema anónimo de finales del siglo XI escrito en francés antiguo. Pertenece a los cantares de gesta, que eran poemas épicos que se recitaban o cantaban en público y que narraban hechos heroicos. *El Cantar de Roldán* cuenta lo que ocurrió en el año 778 en la batalla de Roncesvalles, pero como fue escrito tres siglos después de la batalla, los hechos no tienen mucho que ver con lo que realmente ocurrió.

Según el poema, el emperador francés Carlomagno volvía a Francia tras haber derrotado a los moros[20] en España. Para proteger su paso por los Pirineos, puso al mando de la retaguardia[21] a sus sobrinos, que eran Roldán y los Doce Pares de Francia. Pero entre sus hombres había un traidor. Este avisó al enemigo y un ejército de 40 000 sarracenos[22] atacó la retaguardia y fue matando uno a uno a los Doce Pares. Roldán, a pesar de batirse como un héroe con su espada Durandar, no pudo defenderse ante tanto enemigo.

Cuando tocó su cuerno Olifante para pedir ayuda a su tío, ya era demasiado tarde. Carlomagno oyó el Olifante y volvió a socorrer a su sobrino. Consiguió derrotar a los moros pero no pudo salvar a Roldán. La amada del héroe, la bella Alda, murió de pena al conocer la noticia.

Este bello relato es pura leyenda. La verdad es que la famosa batalla de Roncesvalles no fue más que una escaramuza[23] en la

20 moros: se llama así a los musulmanes que vivieron en España desde el siglo VIII al XV.
21 retaguardia: parte de un ejército que se queda al final para proteger de posibles ataques.
22 sarraceno: nombre con el que los cristianos llamaban a los musulmanes.
23 escaramuza: pelea de poca importancia.

que las tribus vasconas atacaron la retaguardia del ejército francés cuando este volvía a su país. Le tendieron una emboscada[24] en el desfiladero[25] de Valcarlos para vengarse porque los franceses habían saqueado Pampلona. Hay que reconocer que, aunque ficticia[26], la versión del poema es mucho más romántica.

24 emboscada: ataque por sorpresa.
25 desfiladero: paso muy estrecho entre montañas.
26 ficticia: que no es real.

A VER SI HAS ENTENDIDO

1 Responde a estas preguntas:

a ¿Dónde reciben los peregrinos la compostela?

b ¿Qué consejos les da a Amy y a Véro el señor del albergue?

c ¿Dónde se celebra la misa de los Peregrinos?

d ¿Qué encuentra Amy en la iglesia donde se ha celebrado la misa?

e ¿A qué hora cierran el albergue?

2 ¿Verdadero o falso?

	V	F
a La misa de los Peregrinos es solo para los creyentes.		
b El albergue permanece abierto toda la noche.		
c Amy guarda su mochila al llegar al albergue.		
d Sancho el Fuerte está enterrado en la colegiata de Santa María de Roncesvalles.		
e *El Cantar de Roldán* fue escrito en euskera.		

3 Elige la respuesta correcta:

A. Sancho el Fuerte fue…

a un rey navarro de baja estatura que venció a los árabes.

b un rey francés de gran altura que venció a los árabes.

c un rey navarro que medía más de lo normal y que venció a los árabes.

d un rey castellano muy alto que venció a los árabes.

B. Según *El Cantar de Roldán*…

a Carlomagno no ayudó a su sobrino Roldán porque no oyó el cuerno Olifante.

b Carlomagno salvó a su sobrino Roldán pero no pudo vencer a sus enemigos.

c Carlomagno no pudo salvar a su primo Roldán pero derrotó a los sarracenos.

d Carlomagno no pudo salvar a su sobrino Roldán pero derrotó al ejército musulmán.

C. Amy no puede dormir apenas porque…

a Véro ronca mucho.

b es una noche muy calurosa.

c los ronquidos de algunos peregrinos no la dejan dormir.

d el albergue está lleno de peregrinos.

4 Ordena los hechos narrados por *El Cantar de Roldán*.

- [ ] Carlomagno volvió a socorrer a su sobrino pero no pudo salvarlo.
- [ ] Carlomagno volvía de Francia tras derrotar a los moros en España.
- [ ] Un traidor avisó a los moros, que atacaron a la retaguardia y asesinaron a los Doce Pares.
- [ ] Alda murió de pena al conocer la noticia de la muerte de su amado.
- [ ] Para proteger su paso por los Pirineos, el emperador puso al mando de la retaguardia a Roldán y los Doce Pares.
- [ ] Roldán tocó su cuerno Olifante para pedir ayuda a su tío.

5 Relaciona las informaciones de las dos columnas.

Amy se dirige a la Casa Prioral para •	• conocerse mejor a sí misma.
La Cruz de los Peregrinos es •	• está marcado con flechas amarillas.
El camino de Roncesvalles a Santiago •	• empieza a las ocho.
Katie va a hacer el Camino para •	• un crucero gótico de piedra del siglo XV.
La misa de los Peregrinos •	• en el bolsillo del pantalón.
Amy guarda el pergamino y el vidrio •	• pedir la credencial.

6 Responde y razona tus respuestas.

a ¿Por qué crees que Roncesvalles tiene también un nombre en euskera?

b ¿Cómo sabrá Amy cómo llegar hasta Santiago?

c ¿Por qué a Amy no le agrada compartir habitación con otros peregrinos?

d ¿Para qué coge Amy una piedra cerca de la Cruz de los Peregrinos?

e ¿Conoces algún poema épico escrito en tu idioma?

7 ¿Quién es quién en *El Cantar de Roldán*?

a Carlomagno ______________ d Durandar ______________

b Roldán ______________ e Alda ______________

c Olifante ______________ f Los Doce Pares ______________

Cristo de Puente la Reina

El juego de la oca

3 PUENTE LA REINA

Anoche dormí en Pamplona. Aproveché que estaba en una ciudad para pasar la noche en un hotel y tener una habitación para mí sola. Me han salido ampollas en los pies, así que estuve un buen rato metida en la bañera y después dormí de un tirón[1]. No me entretuve en visitar la ciudad, solo vi el casco antiguo[2] y la ciudadela[3] porque es por donde pasa el Camino.

Hoy estoy en Puente la Reina, una ciudad emblemática[4] donde se unen dos caminos, el Camino Francés, que es el mío, y el Camino Aragonés, que llega desde Francia por Jaca.

El Camino de Santiago pasa por la calle Mayor, que es la calle principal, y mientras la recorro admiro las casas señoriales con aleros[5], escudos de armas[6] en las fachadas y balcones nobles. Como se construyó en torno al Camino, la ciudad corre paralela a esta calle y el casco antiguo todavía conserva un cierto ambiente medieval.

Tradicionalmente los peregrinos se detenían en las iglesias de esta calle, pero antes de visitarlas yo voy a

1 **dormir de un tirón:** dormir sin despertarse ninguna vez durante el sueño.
2 **casco antiguo:** parte de una ciudad donde se encuentran sus principales monumentos históricos.
3 **ciudadela:** fortaleza que defiende una localidad.
4 **emblemática:** símbolo de algo.
5 **alero:** parte del tejado que queda fuera de los muros.
6 **escudo de armas:** escudo dibujado en tela o esculpido en la pared que contiene una serie de figuras que son el símbolo de una familia, un Estado, etc.

dejar mi mochila en el albergue de peregrinos de los Padres Reparadores, donde uno de los amables hospitaleros[7] me cura las ampollas de los pies. Después voy a ver la ciudad, pero antes que nada quiero visitar el famoso puente que he visto en tantas fotos y que da su nombre a la ciudad.

–La reina del nombre era doña Mayor, esposa de Sancho el Mayor –me explica el hospitalero–. Lo mandó construir en el siglo XI para que los peregrinos pudieran pasar sobre el río Arga. Este precioso puente románico[8] de cinco arcos está construido a dos vertientes con una cúspide[9] en medio, de manera que vengas por donde vengas tienes que subir primero y luego bajar. Antiguamente tenía tres torres defensivas, una en el centro y dos en los extremos, pero estas se derrumbaron a mediados del siglo XIX.

En lo alto del puente hay un chico mirando al río. Junto a él hay una bicicleta.

–Hola. Tú vas a Santiago, ¿no? –me pregunta.

–¿Cómo lo sabes?

–Porque llevas en el sombrero una concha como la mía. Símbolo del peregrino, ¿eh? –añade señalando mi cabeza.

–Ah, claro.

–Me llamo Massimo y voy a Santiago en bici. ¿Y tú?

–Yo me llamo Amy. Y voy a pie.

–Yo prefiero la bicicleta porque tiene varias ventajas –dice Massimo–. Como vas más rápido puedes pasar tiempo en los lugares que te gustan y por la noche, si no queda sitio en un albergue, puedes fácilmente ir a otro. El inconveniente es que tienes que llevarla contigo a todas partes, pero no me importa porque la mía es muy ligera. Voy a visitar la ciudad porque todavía no la he visto. ¿Quieres venir conmigo?

7 hospitalero: persona encargada del cuidado de un hospital, en este caso se refiere a las personas que atienden a los peregrinos en los distintos albergues que existen en el Camino de Santiago.

8 románico: estilo arquitectónico que se desarrolló en la Europa occidental en los siglos XI y XII y parte del XIII. Se caracteriza por la sencillez y la sobriedad.

9 cúspide: la punta más alta de una montaña y por extensión de cualquier construcción que recuerde una montaña.

Massimo es entusiasta y expresivo, y le gusta mucho hablar. Me cuenta que está haciendo el Camino porque le interesa mucho la historia medieval. Le interesan sobre todo los Caballeros Templarios[10] y los lugares del Camino que están relacionados con ellos.

Acompaño a Massimo a dejar la bicicleta en el albergue y volvemos a la calle Mayor, donde visitamos primero la iglesia de Santiago, a la que entramos por una bonita puerta de finales del siglo XII. Esta iglesia, que fue remodelada en el siglo XVI, tiene una gran torre que domina el casco histórico y que se ve desde lejos. Entramos en ella para ver a Santiago Beltza, una imagen del siglo XIV en la que el santo es representado como un peregrino.

–Como nosotros –dice Massimo.

Después vamos a la iglesia de San Pedro a hacer la tradicional visita a la imagen policromada[11] de la Virgen del Puy, muy querida en esta región. Hasta mediados del siglo XIX se encontraba en una capilla que había en la torre central del puente románico. Esta imagen también se conoce como la Virgen del Txori porque, según la leyenda, había un pajarillo (*txori* en euskera) que acudía a lavar la imagen con el agua que cogía del río en sus alas.

Pero lo que más me impresiona de Puente la Reina, después del puente, claro, es una imagen de Cristo que veo en la iglesia del Crucifijo, levantada por los templarios. Esta curiosa imagen, esculpida alrededor del año 1400, no es como las que he visto hasta ahora en otras iglesias católicas. Esta es diferente porque la imagen no está sobre una cruz sino sobre la rama de un árbol en forma de Y. Se dice que fue esculpida por unos artesanos alemanes y que un peregrino la donó a esta iglesia.

10 Caballero Templario: miembro de la Orden del Temple, una orden militar y religiosa de la Edad Media fundada para conquistar los Lugares Santos de Jerusalén, que estaban en manos de los musulmanes.

11 policromada: de varios colores.

–Si te fijas verás que el tronco se prolonga por detrás de la cabeza de Cristo –comenta Massimo–, lo que quiere decir que no es una cruz: es una pata de oca.

–Efectivamente, es una pata de oca –afirma un señor que está visitando la iglesia al mismo tiempo que nosotros y que ha escuchado nuestra conversación–. La pata de oca era un símbolo por el que se reconocían entre sí los canteros[12] medievales, los constructores de catedrales y los iniciados en sabidurías ocultas. Si lo rodeas con un círculo reconocerás el actual símbolo de la paz.

–¿Y por qué precisamente una oca? –le pregunto extrañada. Siempre me ha parecido un ave un poco ridícula.

–Porque está considerada un animal superior a los demás.

–¿Superior?, ¿pero por qué?

–Porque puede vivir en los tres elementos, la tierra, el agua y el aire, lo que quiere decir que domina los tres. ¿No conoces el juego de la oca?

–Pues no.

–Muchos afirman que es una representación simbólica del Camino de Santiago que inventaron los templarios. En contra de lo que piensa mucha gente, el Camino no es solo una ruta de senderismo. Está lleno de señales y misterios ocultos que solo pueden ver quienes tienen los ojos bien abiertos[13].

De repente siento que me da vueltas la cabeza. Debe de ser el hambre. No he comido nada a mediodía y estoy que no puedo más.

–Yo también estoy hambriento –reconoce Massimo.

Nos acercamos a un pequeño restaurante donde pido espárragos de la ribera y ternera navarra, regada con un vino del Señorío de Sarriá. Massimo es vegetariano y prefiere verduras salteadas. Para terminar tomamos un delicioso queso de la vecina sierra de Urbasa y, de postre, natillas caseras[14].

12 **cantero:** el encargado de extraer piedras de una cantera o el que las labra para ser utilizadas en la construcción de edificios.

13 **tener los ojos bien abiertos:** estar muy atento, prestar mucha atención.

14 **comida casera:** comida elaborada en el mismo establecimiento en el que se consume, normalmente siguiendo recetas tradicionales y utilizando ingredientes naturales.

Con las fuerzas ya repuestas me voy a dar un paseo sola. Afortunadamente el albergue no tiene hora de cierre y puedo llegar cuando quiera. Hay luna llena y quiero contemplarla desde el puente.

De noche el puente es todavía más bonito. Reflejado en el agua del río parece un cuadro impresionista[15]. Tenía ganas de estar sola. Massimo es muy simpático, pero habla demasiado. Pienso en todo lo que me queda todavía por andar y en los millones de personas que habrán cruzado este puente a lo largo de los siglos, y siento una extraña sensación de formar parte de la historia.

De repente me fijo en el tronco de un árbol que baja flotando por el río. La luz de la luna es tan clara que puedo ver en el centro del tronco un pequeño hueco con algo brillante, como si fuera una joya. Lo sigo con la mirada hasta que veo que queda enganchado en unas ramas junto a la orilla, debajo del puente. Sin saber qué me impulsa a hacerlo, bajo hacia el río. Pienso que si me caigo al agua nadie vendrá a socorrerme a estas horas, pero sigo corriendo.

Cuando consigo alcanzarlo, veo que lo que hay en el hueco del tronco es un trocito de vidrio de color rojo sangre. Un extraño presentimiento hace que me lo meta en el bolsillo, y aunque está frío y húmedo tengo la sensación de que me va a quemar el pantalón.

Qué curioso, pienso, encontrar dos trozos de vidrio tan parecidos en el mismo viaje y en circunstancias tan raras. Desde luego, es una coincidencia muy, muy extraña.

Vuelvo corriendo al albergue y busco mi mochila. Cuando la abro me quedo perpleja[16]: el trozo de vidrio que encontré en la iglesia de Roncesvalles encaja a la perfección con el trozo que

15 impresionista: relativo al Impresionismo, un estilo pictórico del siglo XIX que representa los objetos según la impresión que la luz produce a la vista y no de acuerdo con la realidad objetiva.

16 perpleja: confusa, asombrada, muy sorprendida.

acabo de encontrar debajo del puente. No hay ninguna duda, estos dos trozos de vidrio estuvieron unidos en otra época y en algún otro lugar: el tipo de vidrio, el grosor, el color y hasta la pátina[17] que les da la antigüedad son exactamente iguales. La coincidencia, si es que es una coincidencia, es realmente extraordinaria.

¿Por qué extraño misterio han caído ambos en mis manos? Saco el pedazo de pergamino y siento un escalofrío[18] que me recorre la espalda al releer el texto y comprender su significado: *"Sobre las aguas pasarás y bajo el puente me encontrarás"*. Está claro que se refiere al trozo de vidrio que acabo de encontrar debajo del puente.

Si esto es una broma, no tiene ninguna gracia. Además, ¿quién puede habérmela gastado? Nadie sabe dónde voy a pasar la noche tras cada etapa porque ni siquiera yo lo sé. No he hecho planes, estoy improvisando. Decido olvidarme del asunto; después de todo, cosas más raras se han visto y seguro que no es más que eso, una extraña coincidencia.

El juego de la oca

Es un juego de mesa popular que juegan en España tanto niños como adultos y en el que pueden participar dos o más jugadores. Se juega sobre un tablero con forma de espiral en el que hay 63 casillas con dibujos. Cada jugador tira dos dados que indican el número de casillas que debe avanzar. Trece de las casillas tienen una oca dibujada y cuando el jugador cae en una de ellas, salta hasta la otra diciendo: "de oca a oca y tiro porque me toca" y vuelve a tirar.

17 pátina: textura de una superficie con un poco de brillo.
18 escalofrío: intensa sensación repentina de frío acompañada de pequeñas contracciones musculares.

Otras casillas importantes para el juego son: el puente, la posada[19], el pozo[20], los dados, el laberinto, la cárcel, la muerte y el jardín de la oca, que es la meta. El jugador que llega allí el primero ha ganado la partida.

La tradición dice que este juego fue inventado por los Caballeros Templarios en el siglo XII. La espiral en la que se representa el juego es la sección transversal de la concha del caracol Nautilus y simboliza una peregrinación. El juego de la oca podría ser una guía del Camino de Santiago donde cada casilla representa una jornada del camino. Unas están llenas de peligros, como el pozo, la cárcel o la muerte, pero otras, como las 13 casillas de la oca, son lugares seguros donde el jugador (o el peregrino) puede descansar. La última casilla sería Santiago, la meta del viaje.

En la Edad Media, cuando no había mapas, los peregrinos podían guiarse de noche por las estrellas de la Vía Láctea, pero de día, el juego de la oca era su guía. Cada casilla del juego correspondía a un lugar concreto del Camino, y algunos pueblos, ríos, montes y valles todavía conservan nombres que recuerdan algunas casillas del juego: Puente la Reina, Montes de Oca, Río Oca, San Esteban de Oca, Valcárcel, Puerto de la Oca, Santovenia de Oca y muchos más.

Aunque los viajeros modernos no necesitan guiarse por el juego de la oca, porque el Camino está señalizado, y llevan mapas y GPS, esos lugares todavía evocan tiempos legendarios en los que el Camino era una ruta oscura y peligrosa a cuya meta no conseguían llegar todos los peregrinos.

19 posada: casa de huéspedes.
20 pozo: excavación que se hace en la tierra para buscar agua.

A VER SI HAS ENTENDIDO

1 Responde a estas preguntas:

a ¿Cómo sabe Massimo que Amy es una peregrina?

b ¿Por qué prefiere Massimo hacer el camino en bicicleta?

c ¿Qué significa *txori* en euskera? ¿Qué cuenta la leyenda de la Virgen del Txori?

d ¿Qué representan en el juego de la oca las casillas donde esta ave aparece dibujada?

e ¿Recuerdas el nombre de algunas otras casillas importantes en el juego de la oca?

f ¿Cuáles crees que eran los peligros que acechaban a los peregrinos en el Camino?

2 ¿Verdadero o falso?

	V	F
a La imagen de la Virgen del Puy no siempre ha estado en la iglesia de San Pedro.	☐	☐
b Pamplona es el punto de unión del Camino Francés y el Camino Aragonés.	☐	☐
c Las torres de Puente la Reina estuvieron en pie hasta mediados del siglo XIX.	☐	☐
d Massimo es un chico muy tímido y reservado.	☐	☐
e El juego de la oca es un deporte de riesgo.	☐	☐
f Amy tiene que meterse en el río para coger el trozo de vidrio.	☐	☐

3 Ordena cronológicamente los hechos. Después, une las frases con expresiones de tiempo:

primero, luego, después, a continuación, más tarde, por último

☐ Amy acompaña a Massimo hasta el albergue.

☐ Amy y Massimo comen juntos en un pequeño restaurante.

☐ Amy deja la mochila en el albergue de peregrinos.

☐ En la iglesia de San Pedro contemplan la imagen de la Virgen del Puy.

☐ Amy encuentra un trozo de vidrio en el tronco de un árbol.

4 **Relaciona las informaciones de las dos columnas.**

Según la tradición, los templarios •	• guiaban a los peregrinos.
Antiguamente Puente la Reina •	• llega desde Francia por Jaca.
La reina doña Mayor •	• tenía tres torres defensivas.
Las estrellas de la Vía Láctea •	• inventaron el juego de la oca.
El Camino Aragonés •	• mandó construir el Puente la Reina.

5 **Completa la información según el texto:**

a El Puente la Reina se construyó para que ______

b El inconveniente de viajar en bicicleta es que ______

c En la imagen de Santiago Beltza el santo está representado ______

d La oca se considera un animal superior a otros porque ______

e Amy encuentra en el hueco del tronco ______

6 **¿Qué otros platos podría tomar Amy en un restaurante español? Añade a la lista otros platos que conozcas.**

PRIMER PLATO	SEGUNDO PLATO	POSTRE
espárragos	*ternera navarra*	*natillas caseras*
______	______	______
______	______	______

7 **Hay otros animales, además de la oca, relacionados con cualidades, y esto queda reflejado en muchas expresiones. Une las dos columnas para formar la expresión adecuada (ej.:** *Ser terco como una mula***).**

Ser más rápido que una •	• cabra
Ser más lento que una •	• gato
Tener más vidas que un •	• cotorra
Hablar como una •	• ruiseñor
Estar como una •	• ganso
Ser más manso que un •	• liebre
Cantar como un •	• tortuga
Hacer el •	• cordero

Iglesia de San Pedro de la Rúa

Las Vírgenes negras

4 ESTELLA

La etapa de Puente la Reina a Estella tiene unos 22 kilómetros y he conseguido hacerla en un día, pero al entrar en la ciudad he sentido cómo el cansancio se apoderaba de mí. Es tarde, así que lo más urgente es encontrar un sitio para pasar la noche.

Voy directamente al Hospital de Peregrinos, pero me dicen que está completo. Me siento un poco desmoralizada[1], pero debe de ser el cansancio. No había pensado que fuera difícil encontrar alojamiento.

Menos mal que en Estella hay otro albergue donde todavía hay sitio. Los hospitaleros son muy amables y me hacen sentirme como en casa. Sobre todo uno de ellos, que tiene unos ojos grandes y una sonrisa que me devuelven los ánimos.

–Bienvenida a Lizarra[2] –me dice–. Llegas justo a la hora de la cena. Te da tiempo de refrescarte un poco antes de venir al comedor.

En el comedor hay bastante gente pero hay un sitio para mí junto a una pareja de alemanes. Se llaman Klaus y Heidi y sé que son pareja porque no paran de discutir. Afortunadamente no hablo alemán y no entiendo lo que dicen, pero noto cierta tensión entre ellos.

–Pareces muy cansada –me dice Klaus, volviéndose hacia mí–, ¿has hecho muchos kilómetros hoy?

1 **desmoralizada:** desanimada, deprimida.
2 **Lizarra:** nombre de Estella en euskera.

–Una etapa completa –respondo, sin muchas ganas de hablar.

–¿Te gustan los *calbotes*? –me pregunta el hospitalero.

–Pues la verdad es que no sé lo que son –le respondo.

–Son unas alubias rojas típicas de aquí. Pruébalas, anda.

–La comida es deliciosa –añade Heidi. Y tiene razón.

Sobre la mesa hay varias fuentes llenas de verduras y hortalizas y buen queso navarro. Es comida sana, sencilla, de la que me gusta a mí, pero más que la comida me gustan las miradas que me lanza el hospitalero.

–Voy a dar un paseo para digerir todo esto –comento después de la infusión de menta que acaban de servir.

–Nosotros también vamos a dar una pequeña vuelta –dice Klaus.

–Vamos juntos, así no vas tú sola –me sugiere Heidi.

–Si esperáis a que recoja os acompaño –añade el hospitalero, que por cierto se llama Miguel y es estudiante de quinto de Medicina. Le gusta pasar el verano atendiendo a los peregrinos.

–¡Claro que te esperamos! –respondo con quizás demasiado entusiasmo. Miguel me mira y yo noto cómo me sonrojo[3].

–Estella es una ciudad con un pasado importante –comenta Miguel mientras paseamos por la parte antigua–. Aquí vivieron durante un tiempo los reyes de Navarra y por eso conserva tantos palacios, iglesias y casas señoriales, pero lo más curioso es que dicen que fue construida como un espejo de una ciudad francesa.

–¿Qué quieres decir? –le pregunto.

–Pues que en Francia hay una ciudad que se le parece mucho pero al revés. Yo nunca he estado allí, pero dicen que al superponer los planos de las dos, se ve que son iguales pero invertidas. Tienen más o menos los mismos monumentos y han sido construidas en los meandros[4] de dos ríos parecidos.

–¿Y cómo es eso?

–Resulta que en los siglos XI y XII esta zona fue repoblada por francos[5]. Estella, en concreto, fue repoblada por gente de una ciudad

3 sonrojarse: ponerse ligeramente roja la cara cuando se siente vergüenza por algo.
4 meandros: curvas que forma un río en su recorrido.
5 francos: pueblos germanos que conquistaron Francia.

francesa llamada Le-Puy-en-Velay. De allí parte la Vía Podensis, una de las rutas francesas que van a Santiago. Igual que en este enclave, en la ciudad francesa también hay un santuario dedicado a la Virgen del Puy.

La ciudad de Estella es realmente señorial y Miguel parece conocerse al dedillo[6] su historia, pero a mí lo que más me impresiona es la iglesia románica de San Pedro de la Rúa. Su situación, en la ladera de un cerro[7], hace que tenga una arquitectura irregular que resulta muy original. Para ir a verla tenemos que subir una escalinata[8] muy inclinada que termina en la puerta principal.

Por la noche, iluminada, es todavía más bella. La torre es impresionante y el portal, con influencias árabes, está decorado con plantas, sirenas y figuras mitológicas como arpías[9], centauros[10] y grifos[11].

En la Edad Media, la gente conocía exactamente el significado de estos símbolos y de otros muchos que aparecen en las iglesias de aquella época, pero ahora solo los expertos en arte saben interpretarlos.

–Es una pena que esté cerrada –comento.

–No te preocupes –dice Miguel–, yo puedo conseguir una llave y podemos hacer una visita nocturna. Es mucho más interesante.

Mientras esperamos que Miguel vaya por la llave, miro desde lo alto de la escalinata el palacio de los Reyes, cuya fachada principal da a la iglesia, e intento imaginar cómo sería la vida en las ciudades de la Edad Media.

Junto a la luna hay una estrella que brilla mucho más que las demás. Creo que no es una estrella sino el planeta Venus. Me quedo mirándola con atención un rato y parece que me hace

6 conocerse al dedillo: conocer muy bien.
7 cerro: montaña de poca altura.
8 escalinata: escalera exterior de piedra.
9 arpía: ave mitológica con rostro de mujer y cuerpo de ave rapaz.
10 centauro: ser mitológico, mitad hombre, mitad caballo.
11 grifo: animal mitológico, mitad águila, mitad león.

guiños[12], como si fuera una estrella fugaz, pero sin moverse del sitio. De repente tengo la impresión de que un haz de luz más largo que los otros sale de la estrella y señala un lugar en medio de la escalinata. Veo visiones, pienso, debe de ser el cansancio. Sin embargo, el mismo impulso que me hizo mirar bajo el puente hace que baje corriendo los escalones en busca del punto de luz. En ese momento, veo que Miguel está de vuelta, subiendo las escaleras

–¿Adónde vas? –me pregunta.

–Vuelvo enseguida –respondo–. Ve abriendo la puerta.

En medio de la escalinata, apenas visible en un rincón, hay algo que brilla con una luz fría y tenue[13]. Me agacho a recogerlo y veo que es un pedazo de vidrio azul. Azul, pienso, aliviada; este cristal no tiene nada que ver con los dos rojos que llevo en la mochila.

–¿Qué has encontrado? –me pregunta Miguel, que me espera con la puerta de la iglesia abierta, en lo alto de la escalinata.

–Nada que valga la pena –le respondo, metiéndome el vidrio en el bolsillo.

Heidi y Klaus han entrado antes que nosotros y el eco de sus pasos resuena en las baldosas. A esas horas, y a pesar de la iluminación de las bombillas, la iglesia me parece fantasmagórica. Aun así me fijo en los capiteles[14] de las columnas del claustro y puedo distinguir escenas de entierros y tumbas vacías que me parecen más bien morbosas[15], pero en el ábside[16], junto al coro, descubro algo sorprendente: es una columna fantástica, formada por tres serpientes que se enroscan entre sí.

–La serpiente simboliza el conocimiento –comenta Miguel–. Es el símbolo de un saber oculto, anterior al cristianismo. El Camino de Santiago está lleno de signos iniciáticos. En la Edad Media,

12 hacer guiños: guiñar, cerrar un ojo dejando el otro abierto.
13 tenue: débil, con poca fuerza.
14 capitel: parte superior de una columna.
15 morboso: que provoca atracción hacia acontecimientos desagradables.
16 ábside: parte de los templos abovedada y normalmente semicircular donde se colocaba el altar, una especie de mesa donde el sacerdote consagra el pan y el vino.

como la mayoría de la gente no sabía leer, eran las esculturas de las iglesias las que contaban las historias de la Biblia, pero está claro que también había señales de un conocimiento esotérico anterior al cristianismo.

–El Camino está también lleno de leyendas, ¿no? –pregunta Klaus.

–Claro, en casi todos los pueblos hay una. Aquí, sin ir más lejos, tenemos la leyenda de la Virgen del Puy, que se venera en la basílica. Cuenta que unas estrellas guiaron a unos pastores hasta lo alto de una colina, donde encontraron, en una pequeña cueva, la imagen de una Virgen negra.

–¿Una Virgen negra? –pregunta Heidi.

–Sí, eran bastante comunes en la Edad Media –responde Miguel mientras cierra con llave el portón de la iglesia–. En ese lugar fue construida una ermita[17] para venerar a la Virgen, justo donde hoy se levanta la basílica, que tiene forma de estrella.

Esa noche estoy tan cansada que me olvido por completo del trozo de vidrio azul, pero sueño con esculturas de piedra que me persiguen, con arpías que quieren matarme y con estrellas que me ciegan.

Miguel no está a la hora del desayuno. Qué pena, porque quería despedirme de él, pero le dejo en la oficina una nota con mi dirección de correo electrónico. No quiero perder el contacto; quizás Miguel pueda venir a verme a Londres algún día.

Al rehacer mi mochila para emprender de nuevo el Camino, saco los vidrios que he encontrado y compruebo sorprendida que el trozo azul que encontré en la escalinata encaja también con los otros dos. El color es diferente pero el grosor, la textura y la forma coinciden perfectamente como las piezas de un rompecabezas.

17 ermita: iglesia muy pequeña situada en un lugar solitario.

¿Qué significa todo esto? ¿Estará el equipo de redacción de mi revista jugándome una mala pasada[18]? ¿Habrá en algún lugar una cámara oculta que filma mis reacciones para después reírse de mí, como en los programas de televisión? ¿Habrá firmado la revista un contrato con alguna productora para que me siga en mi viaje sin que yo lo sepa?

Mientras me hago estas preguntas miro a mi alrededor buscando algún indicio que confirme mis sospechas, pero solo veo las literas. Algunas ya están vacías; en otras todavía duermen algunos peregrinos, ajenos al misterio que me inquieta.

Sí, es posible, me digo, que alguien esté gastándome una broma y que haya puesto el trozo de pergamino en la iglesia y haya lanzado el tronco río abajo, pero no existe nadie en el mundo que pueda controlar el brillo de una estrella.

Las Vírgenes negras

Algunas de las imágenes de la Virgen María más importantes de España, como la de Montserrat o la de Guadalupe, son negras, pero España no es el único país que rinde culto a este tipo de imágenes.

Se considera que en Europa hay al menos unas 450 Vírgenes negras, lo que hace pensar que el color de su cara y de sus manos no es ni una coincidencia ni una casualidad. Sin embargo, cada vez que pregunto por qué la virgen es negra, me contestan: "Porque se ha ennegrecido con el humo de las velas".

Otros dicen que es porque María era originaria del Oriente Medio; sin embargo, cuando se esculpieron estas imágenes en la Edad Media ya se sabía que los judíos de Palestina eran blancos y

18 jugar una mala pasada: hacer algo con intención de perjudicar a una persona.

no negros. Podría ser que llegaran de África, pero aunque se diga que muchas aparecieron de forma milagrosa, la mayoría fueron esculpidas cerca del lugar donde ahora residen, utilizando maderas locales. Yo pienso que lo más probable es que no representen a la madre de Jesús sino a una divinidad mucho más antigua.

El cristianismo primitivo tuvo que luchar contra un mundo lleno de ideas paganas[19] que provenían de Egipto y Grecia. A medida que la nueva religión se extendía, fue desplazando o adaptando creencias preexistentes. Una de las tradiciones más extendidas del mundo antiguo era el culto a la Madre Tierra, diosa de la fertilidad y la vida. El cristianismo era una religión controlada por los hombres y tenía solo a la Virgen María para suplantar a la Diosa Madre. Se cree que la imagen de la Virgen negra es una adaptación de la diosa egipcia Isis. El color negro simbolizaba la Tierra, que, fecundada por el Sol, es fuente de toda vida.

Las Vírgenes negras aparecieron en la época de las Cruzadas[20], de los Caballeros Templarios y de las leyendas del Santo Grial[21]. Aunque no sepamos exactamente por qué, estas imágenes siguen ejerciendo un gran poder sobre los creyentes, como si representaran las fuerzas primitivas que protegen y dan fuerza a los seres humanos.

19 **pagano:** que profesa una religión politeísta, referido sobre todo a los antiguos griegos y romanos.

20 **Cruzada:** cada una de las expediciones militares que entre los siglos XI y XIII realizaron los cristianos para reconquistar Jerusalén, que estaba en poder de los musulmanes.

21 **Santo Grial:** copa que según la tradición utilizó Jesús en la Última Cena con los apóstoles.

A VER SI HAS ENTENDIDO

1 Responde a estas preguntas:

a ¿Por qué se alegra Amy de no hablar alemán?

b ¿Qué cuenta la leyenda de la Virgen del Puy?

c ¿Con qué sueña Amy la noche que pasa en Estella?

d ¿Dónde encuentra Amy el trozo de vidrio?

e ¿Por qué cree Amy al principio que este trozo vidrio no tiene nada que ver con los otros dos que encontró en etapas anteriores?

f ¿Por qué crees que Amy deja su dirección para Miguel en la oficina del albergue?

2 ¿Verdadero o falso?

	V	F
a De Puente la Reina a Estella hay algo más de 20 kilómetros.		
b Lo primero que hace Amy al llegar es buscar alojamiento.		
c En el albergue solo sirven comida basura.		
d Miguel trabaja todo el año en el albergue.		
e Amy toma una infusión de menta después de cenar.		
f Amy muestra el trozo de vidrio a sus acompañantes.		

3 Relaciona:

Miguel •	• aparecieron en Europa en la Edad Media.
Estella •	• está lleno de leyendas.
El Camino de Santiago •	• es una ciudad con un pasado importante.
La serpiente •	• son una pareja alemana.
Klaus y Heidi •	• pasa el verano atendiendo peregrinos en el albergue.
Las Vírgenes negras •	• simboliza el conocimiento.

4 Completa las frases según el texto:

a Los *calbotes* son ______________________

b Dicen que Estella fue construida como ______________________

c Lo que más le impresiona a Amy de Estella es ______________________

d Junto a la luna hay ______________________

e Amy deja en la oficina ______________________

5 **Redacta un texto con las notas que toma Amy sobre Estella.**

- Repoblada por francos, construida como un espejo de Le-Puy-en-Velay (Francia).
- Residencia de los reyes de Navarra durante algún tiempo
- Numerosos palacios, iglesias y casas señoriales.
- **Monumentos principales**:

Iglesia de San Pedro de la Rúa, estilo románico, portal de influencia árabe decorado con plantas y figuras mitológicas.

Palacio de los Reyes, frente a San Pedro de la Rúa.

Basílica del Puy (leyenda), Virgen negra (hay unas 450 en toda Europa; quizás adaptación de la diosa egipcia Isis, diosa de la fertilidad).

6 **Enriquece tu vocabulario. ¿Cuántas palabras puedes añadir a cada lista?**

FRUTAS	VERDURAS	QUESO
plátano	*espinacas*	*queso fresco*
______	______	______
______	______	______

7 **Encuentra ocho palabras que aparecen en el texto y que son derivadas de las siguientes:**

comer, verde, señor, cruz, puerta, alivio, morbo

M	O	R	B	O	S	O	R	V	U
S	E	Ñ	O	R	I	A	L	E	L
N	M	D	L	A	N	D	E	R	J
C	A	G	I	C	R	C	I	D	L
R	C	O	M	E	D	O	R	U	X
U	U	R	A	P	V	N	U	R	W
Z	A	L	I	V	I	A	R	A	R
A	E	E	O	V	A	A	L	I	L
D	E	P	B	P	O	R	T	O	N
A	E	P	L	S	T	M	X	O	L

Monasterio de San Millán de Yuso

La cuna del castellano

5 NÁJERA Y SAN MILLÁN

Llevo tres días andando sola desde Puente la Reina, sin apenas hablar con nadie. Las ampollas de mis pies se han endurecido y ya no me duelen al andar, pero también me siento un poco más dura por dentro. Estoy desanimada. Dar un paso tras otro, con el peso de la mochila a la espalda, no tiene nada del romanticismo que yo había imaginado. Anoche tuve un sueño pero solo recuerdo unos extraños versos que me dan vueltas en la cabeza, en una lengua que parece español, pero como más antiguo:

"Inclinó la cabeza commo qui quier dormir
Rendió a Dios la alma e dessóse morir."

No sé de dónde salen esas palabras ni lo que significan; tampoco he vuelto a encontrar ningún trozo de cristal. Eso me tranquiliza pero también me decepciona, porque ahora me doy cuenta de que era emocionante pensar que podía haber algo misterioso en mi camino. Ahora solo siento el cansancio, la tierra y el polvo.

A mi alrededor, el paisaje se ha cubierto de viñedos que tiñen de verde las laderas de las colinas. Estoy en La Rioja, cuna[1] de uno de los vinos más famosos del mundo.

1 cuna: cama pequeña para bebés; metafóricamente, el origen de una cosa.

Con la moral por los suelos[2] llego a Nájera, una ciudad situada entre dos montes, a orillas del río Najerilla, que la divide en dos partes: a la izquierda está el barrio de Adentro, que es el casco antiguo, donde están los monumentos históricos; y a la derecha, el barrio de Afuera, donde se alzan los edificios modernos y sus industrias. El nombre de esta ciudad deriva del árabe *Náxara*, que significa "lugar entre peñas[3]".

En la Edad Media esta era tierra de santos. En las paredes de los montes que están junto a la ciudad hay unas curiosas cuevas medievales. Las más impresionantes, cerca de la orilla izquierda del río, fueron excavadas en el siglo X, para ser ocupadas por monjes o eremitas[4] que se iban a vivir allí alejados del mundo. Están formadas por una serie de habitaciones escalonadas en cinco alturas. Hoy en día pueden visitarse cuatro de estas cuevas, y aunque la senda de subida es bastante peligrosa, hay unas vistas del valle muy bonitas desde allí.

En el albergue conozco a unos chicos muy simpáticos que vienen de París en autoestop. Son franceses y se llaman Ahmed y Eric. Ahmed es moreno, con el pelo rizado, mientras que Eric, que es muy alto, parece un verdadero normando.

–Yo soy musulmán –me explica Ahmed–, pero Eric es ateo; no cree en nada.

–Sí creo –responde Eric sonriendo–. Creo en muchas cosas. Creo en la amistad, pero no en Dios. Ahmed se prepara para ir a La Meca, pero yo soy un turista.

Juntos salimos a visitar la ciudad.

–No os perdáis el monasterio de Santa María la Real –nos aconseja el hospitalero–, que según la leyenda fue fundado gracias a un milagro[5].

–Yo no creo en los milagros –dice Eric.

2 tener la moral por los suelos: estar muy desanimado.
3 peña: monte peñascoso, con muchas rocas.
4 eremita: persona que vive en soledad en un lugar apartado, como algunos monjes.
5 milagro: hecho que no puede explicarse racionalmente y que se atribuye a la intervención divina.

–¿Ves como no crees en nada? –dice Ahmed–. Cuéntalo de todas formas, por favor –le pide al hospitalero.

–La leyenda dice que allá por el siglo XI, el rey de Pamplona, García Sánchez III, estaba cazando en el bosque con su halcón. El halcón, que iba persiguiendo a un pájaro, se metió en una cueva de la que salía una extraña luz. El rey entró en la cueva detrás del halcón y se encontró con un altar iluminado con una lámpara de aceite. Sobre el altar había una talla de la Virgen con el Niño, y junto a la imagen un jarrón con flores.

–En Estella me contaron otra leyenda sobre la aparición de una Virgen –le comento–. Hay muchas leyendas que hablan de apariciones milagrosas de Vírgenes en España, ¿no?

–Supongo que sí, pero esta es especial. El rey García creó la orden militar de los Caballeros de la Jarra, que es un símbolo del Santo Grial. A la muerte del rey, su esposa, que era francesa, hizo construir el monasterio para los monjes de Cluny. Los monjes lo fortificaron[6] y a lo largo de la historia se han ido añadiendo edificios. A pesar de la mezcla de estilos es muy bonito. En su interior está la cueva donde se dice que el rey encontró a la Virgen.

Esa noche, de vuelta en el albergue, mientras ayudo a poner la mesa para la cena, repito en voz alta, sin darme cuenta, los versos que soñé la noche anterior.

–Ah, ya veo que conoces a Berceo –me dice el hospitalero.

–¿A quién? –pregunto sin saber de quién me habla.

–Gonzalo de Berceo, el primer poeta conocido en lengua castellana[7]. Nació cerca de aquí, en un pueblecito situado a los pies de la sierra de la Demanda. Y trabajó en el monasterio de San Millán de la Cogolla, que merece la pena visitar, aunque no está exactamente en el Camino. ¿Cómo es que recitas sus versos?

–No tengo ni idea –respondo–, pero mañana voy a San Millán a averiguarlo. Aunque tenga que dar un largo rodeo[8].

6 fortificar: rodear con murallas u otro tipo de protección un pueblo o ciudad.

7 castellano: lengua derivada del latín nacida en Castilla, que evolucionó hasta el español actual. Es el nombre de la lengua oficial del Estado español, para diferenciarlo de las otras lenguas de origen latino (gallego y catalán) que se hablan en el país.

8 dar un rodeo: coger un camino más largo que el camino recto para ir a algún lugar.

A la mañana siguiente, Ahmed y Eric deciden hacer la próxima etapa del Camino a pie y se vienen conmigo. Me alegro porque estaba cansada de andar sola.

En Azofra, a unos ocho kilómetros, nos desviamos a la izquierda para tomar la carretera hacia San Millán de la Cogolla, adonde llegamos tras recorrer otros trece kilómetros de marcha. Allí hay dos monasterios dedicados a San Millán, un santo que vivió en esa zona como un anacoreta[9] y que fue enterrado en una cueva en el año 574.

Los monasterios están cerca el uno del otro: el de arriba se llama San Millán de Suso (del latín *sursum*, que significa arriba) y el de abajo San Millán de Yuso (del latín *deorsum*, que quiere decir abajo). San Millán de la Cogolla es conocida como "la cuna del castellano" porque allí se encontraron las llamadas *Glosas Emilianenses*. Estas glosas, o anotaciones, son muy importantes porque constituyen una de las muestras más antiguas de una lengua romance[10] en España.

Lo primero que hago, nada más llegar a San Millán, es comprarme su libro más conocido, *Los Milagros de Nuestra Señora*, y mientras tomamos un refresco en una terraza, busco y rebusco los versos de mi sueño hasta que los encuentro.

–¡Aquí están! –exclamo en voz alta sin poder reprimirme–. ¡Hablan del duelo[11] de la Virgen en el momento de la muerte de Cristo! ¿Pero cómo es posible que yo...?

–¿Pero qué te pasa? –me pregunta Ahmed– Te has quedado blanca.

–Nada, nada –respondo, guardando el libro en la mochila porque no quiero dar explicaciones–. ¿Vamos a visitar los monasterios?

Ambos monasterios han sido declarados Patrimonio de la Humanidad por la UNESCO, pero mi favorito es San Millán de Suso, el más antiguo de los dos.

9 anacoreta: persona que vive en soledad, dedicada a la contemplación y a la penitencia.
10 lengua romance: lengua derivada del latín.
11 duelo: manifestación de dolor por la muerte de una persona.

–Creo que este es uno de los edificios románicos más bellos que he visto en mi vida –les digo a mis compañeros, pero ellos están extrañamente callados, sobrecogidos por la paz del lugar y la belleza de las piedras. Incluso Eric, el escéptico normando, parece emocionado.

Todavía pueden verse las cuevas donde vivían los eremitas junto a los restos del primitivo monasterio, que fue construido entre los siglos VI y IX. En él se puede apreciar muy bien el cruce de estilos visigótico[12], mozárabe[13] y románico que se dio en España en la Edad Media.

Mientras los chicos contemplan el valle, con el monasterio de Yuso al fondo, yo observo los sarcófagos[14] donde están enterrados unos misteriosos personajes llamados Los Infantes de Lara[15]. De repente, en una de las grietas del empedrado[16] mozárabe, algo me llama la atención: es un trocito de vidrio, pequeño y de color ámbar. Al descubrirlo siento cómo el corazón me empieza a palpitar con fuerza. No puede ser, me digo, pero entonces... ¿por qué, si no, he venido hasta aquí?

–¿Qué es eso? –me pregunta Eric cuando observa que me agacho a recogerlo.

–Nada, un trozo de botella de cerveza –respondo mientras lo acaricio–. Hay que ver, la gente deja basura hasta en los monumentos históricos.

Esta vez estoy segura, no tengo que sacar los otros vidrios para comprobar que es el mismo material, la misma textura. Este trozo de vidrio forma parte del misterioso rompecabezas que yo llevo en la mochila. Y parece que hay una fuerza oculta que quiere que yo lo encuentre. Una fuerza que es capaz de meterse hasta en mis sueños. No debo dejarme llevar por el pánico, pero a partir de ahora pienso tener los ojos bien abiertos.

12 **visigótico:** relativo a los visigodos, pueblo germano que dominó gran parte de la península Ibérica desde el siglo V y hasta el año 711, en que fue derrotado por los árabes.

13 **mozárabe:** los mozárabes eran cristianos que vivían en territorio árabe en la península Ibérica.

14 **sarcófago:** obra normalmente de piedra construida sobre el suelo para sepultar uno o más cadáveres.

15 **Infantes de Lara:** los siete hijos de un noble español que, al intentar liberar a su padre de los árabes, fueron asesinados a traición por su tío.

16 **empedrado:** pavimento, suelo hecho con piedras.

Las *Glosas Emilianenses* y el origen del castellano

Las *Glosas Emilianenses* son anotaciones que un monje escribió en un texto religioso en latín para aclarar el significado de algunos pasajes. La gran mayoría están escritas en latín medieval, pero también hay anotaciones en lengua romance y en vasco. Datan de principios del siglo XI y se encontraron, a principios del XX, en el monasterio de San Millán de la Cogolla. Su hallazgo causó un enorme interés entre los estudiosos, porque son las muestras más antiguas conocidas del castellano primitivo. Desde entonces el monasterio de San Millán, y por extensión La Rioja, son conocidos como "la cuna del castellano".

Catorce siglos antes los romanos habían invadido la península Ibérica, imponiendo el latín como lengua hablada en casi todo el territorio, pero la unidad lingüística se empezó a romper con la llegada de los pueblos germanos, que aunque adoptaron el latín como lengua propia, introdujeron en ella muchos cambios.

Sin embargo, el factor principal que contribuyó a esta ruptura fue la invasión de la península Ibérica por parte de pueblos musulmanes del norte de África, a principios del siglo VIII. Algunos hispanos se refugiaron en el norte, donde empezaron a formarse los nuevos reinos cristianos. El aislamiento de estos reinos produjo un aumento de las diferencias existentes en el latín hablado, que evolucionó de forma distinta según la zona, dando lugar con el tiempo a las distintas lenguas romances.

Una de estas lenguas romances era el castellano, que nació en el norte de la Península y desde allí se extendió a medida que el reino de Castilla ampliaba sus territorios y su poder.

En el siglo XIII se convirtió en lengua de cultura, gracias sobre todo a Alfonso X el Sabio y a la Escuela de Traductores de Toledo. Sabios árabes, judíos y cristianos trabajaron juntos para traducir al castellano y al latín importantes obras del árabe y el hebreo.

Poco a poco fueron afianzándose las lenguas románicas, derivadas del latín, que se hablan actualmente en España: castellano, gallego y catalán. Castilla siguió avanzando frente a los árabes, que sufrieron su derrota definitiva en 1492, con la conquista de Granada. Con el matrimonio de los Reyes Católicos, España se unificó políticamente, y aunque las otras lenguas románicas se mantuvieron vivas, el castellano, al que ya entonces se le llamaba también español, se convirtió en la lengua más hablada en España.

A VER SI HAS ENTENDIDO

1 Responde a estas preguntas:

a ¿Hace amigos Amy en el trayecto de Puente la Reina a Nájera?

b ¿Por qué es conocida la región de La Rioja?

c ¿A qué distancia se encuentra San Millán de la Cogolla de Nájera?

d ¿Quién hizo construir el monasterio de Santa María la Real?

e ¿Dónde encuentra Amy otro trozo de vidrio?

f ¿Por qué crees que Amy miente a Eric sobre el trozo de vidrio?

2 ¿Verdadero o falso?

	V	F
a El río Najerilla para por la ciudad de Nájera.	☐	☐
b Los eremitas vivían en grandes palacios.	☐	☐
c San Millán de la Cogolla está en el Camino de Santiago.	☐	☐
d Amy se lo pasa muy bien en el trayecto a Nájera.	☐	☐
e El monasterio de San Millán de Suso es de estilo románico.	☐	☐
f Amy estudió la obra de Gonzalo de Berceo en la Universidad.	☐	☐

3 Relaciona:

San Millán •	• es una ciudad situada entre dos montes.
En San Millán de la Cogolla •	• es el primer poeta conocido en lengua castellana.
Nájera •	• hay dos monasterios dedicados a san Millán.
Berceo •	• vivió en el siglo VI.
Los monjes de Cluny •	• están enterrados en San Millán de Suso.
Los Infantes de Lara •	• fortificaron el monasterio de Santa María la Real.

4 ¿Qué sabes de los siguientes personajes?

a Gonzalo de Berceo ______________________

b Ahmed ______________________

c Eric ______________________

d San Millán ______________________

5 Señala la respuesta correcta:

A. La reacción de Eric y Ahmed cuando visitan el monasterio de Suso es de...

a decepción.

b admiración.

c indiferencia.

B. *Las Glosas Emilianenses*...

a fueron escritas en latín medieval y vasco por un monje.

b son anotaciones en romance y vasco que se encontraron en San Millán de la Cogolla.

c son anotaciones en distintos pasajes de un texto latino escritas en varias lenguas.

C. Nájera se encuentra...

a a orillas del mar.

b entre dos montes.

c entre dos valles.

D. Cuando Amy llega a Nájera se siente...

a muy nerviosa.

b desanimada.

c muy alegre.

6 Encuentra en el texto la palabra o expresión correspondiente a las siguientes definiciones:

a Persona que niega la existencia de Dios: ____________

b Zona de una localidad donde se encuentran sus monumentos históricos:

____

c Habitante de Normandía, región situada en el noroeste de Francia: ____________

d Ave de presa utilizada antiguamente para cazar otras aves: ____________

e Hueco subterráneo natural o excavado por el hombre: ____________

f Ciudad santa para los musulmanes, situada en Arabia Saudí: ____________

7 ¿Puedes nombrar algún otro escritor en castellano? ¿Has leído alguna de sus obras?

Monasterio de Santo Domingo de la Calzada

Donde cantó la gallina después de asada

6 S. DOMINGO DE LA CALZADA

El Camino de Santiago está poblado de monasterios que en su origen eran simplemente cuevas, lugares aislados donde un eremita se retiraba para orar y vivir una vida de soledad. Probablemente hoy en día esos hombres serían considerados *hippies* o excéntricos, pero en la Edad Media algunos incluso fueron declarados santos. A veces la gente se iba a vivir cerca de ellos, y alrededor de sus cuevas se fundaban pueblos y monasterios.

Uno de esos eremitas, que vivió en el siglo XI, fue Domingo García. Es más conocido como santo Domingo de la Calzada porque dedicó mucho tiempo a construir calzadas y puentes para los peregrinos que iban a Santiago.

Domingo era un pastor que quería ser monje en el monasterio de San Millán, pero dicen que como era iletrado[1] los monjes lo rechazaron. Por ello se fue a vivir a Oja, en un bosque entre Logroño y Burgos, y se instaló en un lugar del Camino que era muy frecuentado por bandidos[2]. Allí construyó una ermita donde los peregrinos podían refugiarse y pasar la noche. También empezó a limpiar el bosque y a construir una calzada, y con el tiempo construyó también un puente, un hospital y un albergue de peregrinos.

1 iletrado: que no sabe leer o que tiene poca cultura.
2 bandido: ladrón que asalta a las personas en los caminos.

Ese fue el origen de Santo Domingo de la Calzada, una ciudad que se levanta en la llanura, a orillas del río Oja, y adonde llego con Ahmed y Eric tras 20 kilómetros de marcha.

Cuando llegamos a la ciudad vamos primero a la calle Mayor a buscar el albergue de la abadía cisterciense, regentado por las monjas Bernardas. Otros peregrinos nos dicen que algunas de las monjas no son muy simpáticas y nos aconsejan ir a la Casa del Santo, otro albergue que está en la misma calle.

–Quizás las monjas no tengan fama de simpáticas, pero sí la tienen de ser unas excelentes reposteras[3] –les digo a mis compañeros. Después de darme una ducha en el albergue me acerco al convento a comprarles unos borrachuelos, unos deliciosos pastelillos de hojaldre[4] rellenos de pudin de frutas.

–¿Para quién son esos pasteles? –me pregunta Ahmed cuando vuelvo–. ¿Son para ti sola?

–No, hombre, son para todos –le digo–. Son para merendar, para tomar con una taza de té.

–Vamos a ver la ciudad –sugiere Eric cuando terminamos los pasteles.

Santo Domingo de la Calzada, con sus iglesias, conventos[5], palacios y casonas[6] señoriales, tiene fama de ser una de las ciudades más bellas del Camino. Todavía quedan restos de la muralla que rodeaba la ciudad en el siglo XI. Tenía 38 torreones de 12 metros de altura y 7 puertas de entrada a la ciudad, y estaba protegida por un foso[7] lleno de agua que estaba alimentado por varios canales[8].

Entre los muchos monumentos destaca la catedral, que tiene una parte fortificada y que fue construida sobre el sepulcro de santo Domingo. Desde lo alto de la torre exenta, que se llama así porque está separada de la catedral, puede verse toda la ciudad. Desde fuera parece una catedral como otra cualquiera, pero al entrar nos espera una sorpresa.

–¿Qué es esto, una iglesia o una granja? –exclama Ahmed–. No sabía que los cristianos tienen animales vivos en sus templos.

–¿Por qué lo dices? –le pregunta Eric.

3 repostero: que trabaja haciendo pastas y dulces.
4 hojaldre: masa blanda que al cocerse forma numerosas hojas superpuestas.
5 convento: casa donde viven hombres o mujeres pertenecientes a una orden religiosa.
6 casona: casa grande.
7 foso: excavación profunda que rodea una fortaleza.
8 canal: cauce artificial por donde se conduce el agua.

–¡Mira ahí arriba! ¡Hay una gallina! –responde, señalando una jaula que hay en un brazo del crucero[9], frente al sepulcro donde está enterrado el santo –. ¡Y también un gallo!

Ahmed tiene razón, dentro de una bonita jaula que parece una capilla gótica, decorada con flores doradas y protegida por una reja de hierro forjado, hay un gallo y una gallina vivos.

El gallinero está bastante alto para verlo de cerca, pero como no hay nadie en ese momento en la iglesia, le pido a Eric que me suba sobre sus hombros para ver las aves de cerca. Es una ventaja que Eric sea tan alto.

El gallo y la gallina, sorprendidos de verme tan de cerca, empiezan a moverse inquietos.

¿Qué harán aquí estas aves?, me pregunto; pero no me da tiempo a preguntarme más porque en ese momento el gallo, al rascar el suelo con la pata, lanza algo en mi dirección. Con un rápido reflejo lo cojo antes de que se caiga al suelo y se rompa. Al abrir la mano no puedo creer lo que veo: ¡un trocito de vidrio azul!

–Bájame, por favor –le pido a Eric mientras me pregunto quién lo habrá puesto ahí y cómo podía saber que yo iba a visitar la catedral, y que podría asomarme al gallinero con lo alto que está.

Este asunto me parece cada vez más insólito, pero está claro que hay alguien que me acompaña en el Camino, anticipándose a mis pasos. Inquieta miro a un lado y a otro de la catedral pero no veo nada extraño, solo una familia de turistas y un par de monjas.

Cuando terminamos de visitar la catedral vamos a un pequeño restaurante. Hay que cenar pronto porque el albergue cierra a las diez de la noche.

–¿Qué tienes para cenar? –pregunta Eric al camarero.

–Tenemos unas estupendas lentejas con oreja de lechón[10].

A mí me encantan las lentejas, pero Ahmed no puede comerlas porque llevan cerdo y su religión prohíbe comer carne de ese animal, así que él pide tortilla de espárragos.

9 crucero: en las iglesias, espacio donde se cruzan dos naves; también cruz de piedra que se encuentra en el cruce de algunos caminos.

10 lechón: cochinillo, cerdo pequeño que todavía mama de su madre.

–Esta es la comida tradicional de la Romería de las Abejas –nos explica el camarero–. Es una pena que no estuvierais aquí la semana pasada.

–¿Qué es una romería? –pregunta Ahmed.

–Es como una peregrinación en miniatura, generalmente al santuario de una Virgen. La nuestra se hace en honor a la Virgen de las Abejas y se celebra el segundo martes de Pentecostés[11]. Lo mejor es que, el domingo siguiente, el Ayuntamiento celebra una comida colectiva y vienen casi todos los vecinos de Santo Domingo. Y comemos esto, lentejas con oreja de lechón.

–Oye, ¿tú sabes por qué hay un gallinero en la catedral? –le pregunto.

–Claro que lo sé –responde–, es para celebrar el milagro del ahorcado[12].

Pero no puedo concentrarme en su respuesta. Mientras el camarero nos cuenta la leyenda del milagro, no puedo dejar de pensar en la incógnita de mi puzle. Mi cabeza está llena de preguntas: ¿Hay alguien que se está riendo de mí a mis espaldas? ¿Y si se trata de un loco que está obsesionado conmigo? ¿Debería contárselo a mi redactora-jefe? ¿O avisar a la policía?

– …y por eso decimos: "Santo Domingo de la Calzada, donde cantó la gallina después de asada" –termina de decir el camarero mientras recoge la mesa, pero yo no me he enterado de nada y tengo que pedirles a mis compañeros que vuelvan a repetir la leyenda de camino al albergue.

Esa noche me la paso dando vueltas sin poder dormir. Tan pronto como sale el sol me levanto y me marcho sin despedirme de Ahmed y Eric, que duermen a pierna suelta[13]. Quiero volver al Camino yo sola para reflexionar sobre lo que me está pasando. Cuando acepté este trabajo no me imaginaba envuelta en un misterio que se podía convertir en una obsesión. Ya tengo en mi poder cinco trozos de vidrio que parecen de una misma vidriera, pero ¿por qué hay alguien que los va dejando a mi paso para que yo los descubra?

Salgo de la ciudad por el puente que construyó el mismo santo Domingo sobre el río Oja y pronto estoy andando entre trigales. Un par de horas después llego a Redecilla, el primer pueblo de Castilla. Atrás queda La Rioja, y con ella, espero que quede atrás también el misterio que me persigue.

11 **Pentecostés:** fiesta cristiana que se celebra 50 días después de la Pascua (que conmemora la resurrección de Jesucristo). Se celebra la aparición del Espíritu Santo a la Virgen y los apóstoles.

12 **ahorcado:** colgado de una cuerda por el cuello.

13 **dormir a pierna suelta:** dormir mucho y plácidamente.

El milagro del ahorcado

Esta leyenda habla de uno de los milagros más famosos de la Edad Media en España. Cuenta que un matrimonio alemán iba en peregrinación a Santiago con su hijo, un joven muy guapo de 18 años. Cuando pasaron por Santo Domingo de la Calzada, la camarera del mesón donde se hospedaron se enamoró de él e intentó seducirlo, pero el joven no le hizo caso[14]. Despechada[15], la muchacha quiso vengarse y le metió en el zurrón[16] una copa de plata que cogió del mesón. Después fue a ver al corregidor, que era la máxima autoridad en aquella época, y acusó al muchacho de robo.

El corregidor envió a los guardas a detener al joven antes de que saliera de la ciudad y cuando lo registraron encontraron la copa y lo detuvieron. En aquella época un robo se castigaba con la pena de muerte, así que, a pesar de declarar su inocencia, el muchacho fue ahorcado a la salida del pueblo.

Sus desesperados padres fueron a verlo para poder enterrarlo, pero al acercarse al árbol del que colgaba comprobaron maravillados que el muchacho seguía vivo. Según el joven, santo Domingo lo había salvado porque era inocente. Para demostrar la inocencia de su hijo, los padres, muy contentos, fueron a ver al corregidor, que estaba sentado a la mesa a punto de comer. En la mesa, frente a él, había un gallo y una gallina asados.

Cuando los padres le contaron al corregidor lo que había ocurrido, este se burló de ellos y les dijo que el muchacho estaba tan vivo como el gallo y la gallina que se disponía a comer. En ese momento, las aves asadas se levantaron y empezaron a cantar. Y el muchacho fue liberado.

Por eso, desde entonces, reza el lema de la ciudad:

"Santo Domingo de la Calzada,
donde cantó la gallina después de asada."

14 hacer caso: prestar atención.
15 despechada: indignada a causa de una decepción.
16 zurrón: bolsa grande de piel.

A VER SI HAS ENTENDIDO

1 Responde a estas preguntas:

a ¿De la Calzada era el verdadero apellido del santo? ¿Por qué se le conoce con ese nombre?

b ¿Por qué los monjes del monasterio de San Millán no aceptaron a santo Domingo?

c ¿Qué tiene de peculiar la catedral de Santo Domingo de la Calzada?

d ¿Cómo es la jaula del gallo y la gallina de la catedral?

e ¿Por qué no puede dormir Amy en toda la noche?

f ¿Por qué metió la camarera del mesón una copa en el zurrón del joven alemán?

2 Relaciona:

La Romería de las Abejas •	• tenían 38 torres y 7 puertas de entrada.
Santo Domingo •	• es un albergue situado en la calle Mayor.
Las murallas de la ciudad •	• se fundaron pueblos y monasterios.
La Casa del Santo •	• está enterrado bajo la catedral.
Alrededor de las cuevas •	• se celebra el segundo martes de Pentecostés.

3 ¿Verdadero o falso?

	V	F
a Ahmed no come lechón porque es musulmán.		
b Las murallas de la ciudad están en perfecto estado de conservación.		
c Santo Domingo de Silos vivió en la Edad Media.		
d Amy encuentra un trozo de vidrio color verde.		
e La jaula del gallo y la gallina de la catedral está en el suelo.		
f En la abadía cisterciense elaboran deliciosos pasteles.		

4 Completa las frases según el texto.

a Domingo era un pastor que quería ______________________

b Domingo se instaló en un lugar del Camino que ______________________

c Amy y sus compañeros tienen que cenar pronto porque ______________________

d La ciudad de Santo Domingo de la Calzada tiene fama de ____________

e Amy sale de la ciudad por el puente que ____________

f El corregidor envió a los guardas a ____________

5 Ordena la leyenda del milagro del ahorcado cronológicamente.

☐ El joven alemán fue arrestado y ahorcado a la salida del pueblo.

☐ La camarera acusó de robo al joven ante el corregidor.

☐ Un matrimonio alemán con su hijo llegó a un mesón de Santo Domingo de la Calzada.

☐ El corregidor no creyó el relato de los padres y replicó que el muchacho estaba tan vivo como el gallo y la gallina asados que él estaba a punto de comer.

☐ La camarera metió una copa de plata en el zurrón del muchacho.

☐ Las aves se levantaron y empezaron a cantar.

☐ Los padres del joven comprobaron maravillados que su hijo estaba vivo.

☐ La camarera del mesón se enamoró del joven alemán y este la rechazó.

6 Explica el milagro del ahorcado con tus propias palabras.

7 Encuentra en la sopa de letras algunas de las construcciones que abundan en el Camino de Santiago:

ermita, albergue, hospital, iglesia, catedral, monasterio, convento, puente

C	X	E	R	M	I	T	A	V	M
S	A	L	B	E	R	G	U	E	O
N	T	T	L	A	N	D	E	C	N
C	P	U	E	N	T	E	I	O	A
R	C	O	M	D	D	O	R	N	S
U	U	R	A	P	R	N	U	V	T
Ñ	A	X	I	V	I	A	D	E	E
H	O	S	P	I	T	A	L	N	R
D	I	G	L	E	S	I	A	T	I
A	E	P	L	S	T	M	X	O	O

Estatua del Cid en Burgos

El Cantar de Mio Cid

7 BURGOS

Desde que entré en la provincia de Burgos, hace cuatro días, todo ha ido como la seda[1]. No he vuelto a encontrar nada extraño, ni he sentido que nadie me perseguía, y casi me he olvidado de los trozos de vidrio que llevo en la mochila. Los pies ya no me duelen y he atravesado montes y valles sin ninguna dificultad.

El Camino de Santiago atraviesa la provincia de Burgos de este a oeste, entre la Cordillera Cantábrica[2] al norte y el río Duero al sur. He pasado sin contratiempos[3], y con tiempo seco y soleado, los legendarios[4] Montes de Oca, antiguamente eran muy temidos por los peregrinos.

He visto monasterios, iglesias y ermitas; he pisado restos de antiguas calzadas y puentes, y en la sierra de Atapuerca he pasado cerca del yacimiento arqueológico donde se encontraron los restos fósiles del *Homo Antecessor*, que está considerado el primer europeo conocido.

Tras la sierra he seguido por el valle del río Pico, y el Camino me ha traído hasta el casco antiguo de Burgos y la catedral de Santa María.

Burgos fue fundada en el siglo IX por el rey Alfonso III, se desarrolló en torno al Camino de Santiago y llegó a tener 35 hospitales, más que ninguna otra ciudad de Europa, para atender a los peregrinos. Aquí

1 **ir algo como la seda:** ir algo muy bien.

2 **Cordillera Cantábrica:** serie de montañas situadas en el norte de España que discurren paralelas al mar Cantábrico.

3 **sin contratiempos:** sin dificultades o problemas inesperados.

4 **legendario:** algo o alguien que aparece en las leyendas.

recibieron los Reyes Católicos a Cristóbal Colón cuando volvió de su segundo viaje a América.

Tras registrarme en el albergue que hay cerca de la catedral voy a buscar un cibercafé para mirar mi correo electrónico. Mi buzón debe de estar lleno porque desde que salí de Londres no lo he mirado. Para no llevar peso he dejado el ordenador portátil en casa y todas mis notas las tomo a mano en una libreta. Al principio me costó un poco, pero ahora ya estoy acostumbrada.

Me instalo frente al ordenador y mientras me tomo un café abro mi cuenta de correo electrónico. A mi lado hay un chico y una chica frente a otro ordenador. El chico está señalando algo en la pantalla. Como habla muy alto no puedo evitar oír lo que dice. Tiene un fuerte acento americano[5].

–No, no es así –está diciéndole a la chica–. No lo estás haciendo bien.

Pese al ruido intento concentrarme. Como me temía, tengo el buzón lleno. Entre todos los mensajes, hay uno que me interesa más que los demás: miguelroman@hotmail.com. ¡Es de Miguel, el hospitalero de Estella!

–Sí, muy bien –le dice el americano a su compañera–, esto está mejor.

Miguel dice que se alegra mucho de haberme conocido, que siente no haber podido despedirse, que irá a Inglaterra en septiembre, y me pregunta si me puede llamar cuando llegue para tomar algo. Le envío mi teléfono y le digo que estaré encantada de verlo en Londres. Si consigo llegar a Santiago, claro.

–¡Bien hecho! –exclama mi vecino, visiblemente satisfecho–. ¡Lo has hecho perfectamente! Ya conoces muy bien el programa.

–Gracias, Jack –dice la chica. Al levantarse ella mira mi cuaderno, donde yo he dibujado una concha de vieira.

–¿Vas a Santiago? –me pregunta.

–Sí –respondo–. ¿Vosotros también?

–No; bueno, yo no; él sí. Yo vivo aquí, pero Jack sí que va a Santiago.

Nos presentamos. Ella se llama Rosa y trabaja en la oficina de turismo.

–Los ordenadores de mi trabajo se han estropeado y Jack me estaba enseñando a utilizar un programa de fotografía en Internet.

5 **americano:** el término *americano* para referirse a los habitantes de Estados Unidos está muy extendido, pero es más correcto decir estadounidense. En este caso se refiere al acento típico del inglés hablado en Estados Unidos.

–Ella es muy buena –añade Jack–, aprende muy rápido.

Jack es fotógrafo. Está haciendo un reportaje fotográfico sobre el Camino de Santiago y sobre el arte románico en España. Trabaja para una revista de Boston, pero él no viaja a pie como yo, él ha alquilado un coche.

–Ir a pie es demasiado lento –explica.

–Voy a acompañar a Jack a hacer fotos de la ciudad y a ver la catedral –dice Rosa –. ¿Quieres venir con nosotros?

–Me encantaría –les digo.

Burgos es una ciudad monumental[6] que fue capital de los reinos de Castilla y León en el siglo XI. Su muralla tenía doce puertas de entrada a la ciudad. Una de ellas, el Arco de Santa María, todavía se conserva.

–Es alucinante[7] –dice Jack mientras le hace fotos–, parece un castillo.

Después de dar una vuelta, vamos a la catedral de Santa María. Construida con piedra blanca, es uno de los más bellos ejemplos de la arquitectura gótica en España. Tiene unas torres altas y estilizadas que parecen estalagmitas[8].

Cuando entramos, en la primera nave a la derecha, Rosa nos muestra una capilla donde se venera una imagen misteriosa: un Cristo que fue encontrado en el mar en el siglo XIV, en una caja que flotaba sobre las aguas.

–Mirad –señala Rosa–, tiene el cuerpo recubierto por una piel de búfalo, y la barba, el pelo y las pestañas son de verdad. Dicen que lo esculpió Nicodemus, uno de los hombres que bajaron a Cristo de la cruz y que copió la cara exacta del Crucificado[9].

–Es muy morboso, ¿no? –dice Jack.

Yo pienso lo mismo que él porque la imagen está llena de llagas[10] y moraduras[11] que parecen de verdad. Tiene la piel gris, surcada de hilos de sangre tan bien pintados que impresionan. Lleva una especie de faldilla roja que le llega hasta las rodillas.

–Pues además se le mueve la cabeza y tiene fama de ser muy milagroso –añade Rosa– no solo en Castilla, sino también en Andalucía y en algunos países de Latinoamérica.

6 **monumental:** lugar con monumentos de valor artístico o histórico. También significa muy grande.

7 **alucinante:** extraordinario.

8 **estalagmita:** roca calcárea en forma de cono con la punta hacia arriba que se forma en el suelo de las cuevas al gotear agua.

9 **crucificado:** clavado en una cruz.

10 **llaga:** herida que no se cierra fácilmente.

11 **moradura:** mancha de color amarillento o amoratado que se forma en la piel a causa de un golpe.

–Vamos, vamos a la calle –insiste Jack–, no me gustan mucho las imágenes sangrientas de las iglesias católicas. No estoy acostumbrado.

–A mí tampoco me gustan, la verdad –confieso.

Pero antes de salir de la catedral Rosa nos enseña una tumba.

–¿Sabéis quién es? –nos pregunta. Y como no contestamos, añade–. Es el Cid, uno de los héroes más famosos de la historia de España.

Poco después volvemos a verlo en una plaza, en un pedestal[12].

–Ahí lo tenéis otra vez –señala Rosa–, nuestro héroe nacional.

Se trata de una impresionante estatua ecuestre[13] de bronce en la que el héroe está representado como si fuera a la batalla, vestido con una cota de mallas[14] y una capa que ondea al viento por detrás de su cuerpo. Lleva una barba muy larga y con la mano izquierda sostiene las riendas[15] del caballo, mientras que con la derecha empuña una gran espada. El caballo tiene tres patas en el suelo y una levantada, lo que da sensación de movimiento.

–Durante el franquismo –explica nuestra guía–, en muchas ciudades españolas se levantaron estatuas ecuestres del general Franco que recuerdan a esta. Franco quería que los españoles pensaran que él también era un héroe.

Antes de despedirnos, Rosa me regala un CD de cantos gregorianos[16].

–Lo han grabado los monjes del monasterio de Santo Domingo de Silos, que está cerca de aquí. Se han hecho muy famosos con sus cánticos. Es muy relajante, escúchalo y verás.

Me despido de Rosa y de Jack al pie de la estatua del Cid. Estoy contenta de estar de nuevo en una ciudad. Yo soy más bien urbana: me gusta el bullicio[17], la gente, los bares, los cines, y Burgos es una ciudad muy animada.

Me doy la vuelta para volver hacia el albergue y de repente noto algo que no había visto antes: algo brilla con una luz de un rojo intenso a los pies de la estatua, justo detrás del casco[18] de la pata delantera que está levantada. Parece como si el caballo fuera a pisarlo al bajarla. Siento una ligera sospecha de que ese objeto es para mí. Y al acercarme más veo que, efectivamente, es un trozo de vidrio rojo como los que ya he encontrado antes.

12 **pedestal:** bloque de piedra y otro material sólido sobre el que se coloca una columna o una estatua.
13 **ecuestre:** que representa un personaje a caballo.
14 **cota de mallas:** armadura defensiva hecha con mallas de hierro entrelazadas para cubrir el cuerpo.
15 **riendas:** correas que sirven para controlar a los caballos.
16 **canto gregoriano:** composición musical que se cantaba en los actos religiosos cristianos, de ritmo muy homogéneo y con letra en latín.
17 **bullicio:** alboroto, ruido causado por mucha gente.
18 **casco:** uña de las patas de los caballos.

¿Pero, esto no había terminado?, me pregunto. Y dentro de mí escucho una voz que contesta: "No, esto no ha hecho más que empezar".

El Cid

Rodrigo Díaz de Vivar, más conocido como el Cid, nació en Vivar del Cid, una ciudad al norte de Burgos, en el seno de una familia noble. Corría el siglo XI, una época en la que las calles de la ciudad estaban llenas de peregrinos que llegaban de toda Europa.

Al principio de su carrera militar luchó a las órdenes del rey de Castilla Fernando I, pero fue expulsado del reino tras verse envuelto en las luchas entre los hijos del rey.

Durante un tiempo luchó como mercenario[19] a las órdenes de diversos reyes musulmanes, pero después cambió de bando otra vez y, en 1094, conquistó Valencia para los cristianos y la gobernó hasta su muerte. Su valor y su carisma le valieron su apodo[20], el Cid, del árabe *sidi*, que significa "señor".

Rodrigo debe su fama de héroe de la Reconquista[21] a un poema épico anónimo: *El Cantar de Mio Cid*. Este cantar de gesta, escrito en castellano medieval sobre el 1200, es la primera obra narrativa larga de la literatura española.

Historia y leyenda se mezclan en torno a la vida del Cid. Una leyenda cuenta que el Cid fue capaz de ganar su última batalla después de muerto. Cuando su ejército estaba a punto de conquistar Valencia a los árabes, el Cid fue herido de muerte. Al día siguiente los soldados cristianos ataron el cuerpo del Cid a su caballo y lo pusieron al frente del ejército; su figura era tan imponente que el ejército musulmán pensó que aún estaba vivo y huyó aterrado.

Su fama internacional se debe también a Hollywood y al film producido en 1961 por Samuel Bronston y dirigido por Anthony Mann. Fue rodada en Peñíscola, un pueblo costero al norte de Valencia, y protagonizada por Charlton Heston en el papel del Cid, y Sofia Loren en el de doña Jimena, su esposa.

19 mercenario: soldado que lucha para un ejército extranjero a cambio de dinero.

20 apodo: nombre que suele darse a una persona tomado de alguna de sus características físicas o de alguna otra circunstancia.

21 Reconquista: período de la historia de España a lo largo del cual los distintos reinos cristianos lucharon contra los musulmanes, que habían llegado a ocupar casi toda la Península. El último reino musulmán, el de Granada, fue tomado en 1492.

A VER SI HAS ENTENDIDO

1 Responde a estas preguntas:

a ¿Por qué es famosa la sierra de Atapuerca?

b ¿Qué es un cibercafé?

c ¿Por qué sabe Rosa que Amy va a Santiago?

d ¿Para quién trabaja Jack?

e ¿Dónde está enterrado el Cid?

f ¿Dónde encuentra Amy otro trozo de vidrio?

g ¿Dónde y cuándo se rodó la película *El Cid*?

2 Señala la respuesta correcta:

A. Jack es…

- a un fotógrafo americano que hace el Camino a pie.
- b un fotógrafo estadounidense que hace el Camino en coche.
- c un turista estadounidense que hace el Camino en coche.

B. *El Cantar de Mio Cid* es…

- a un cantar de gesta del siglo XI que narra la vida del Cid.
- b un poema épico anónimo que narra las hazañas del Cid.
- c una novela anónima que narra la vida del Cid.

C. El Cid fue…

- a un noble castellano del siglo XII que conquistó el reino de Valencia para los cristianos.
- b un rey castellano del siglo XI que luchó contra los musulmanes.
- c un noble de Castilla que conquistó el reino de Valencia para los cristianos.

3 ¿Verdadero o falso?

	V	F
a La sierra de Atapuerca se encuentra en la provincia de Burgos.	☐	☐
b En la provincia de Burgos el Camino atraviesa montes y valles.	☐	☐
c El Camino cruza la provincia de Burgos de norte a sur.	☐	☐
d Amy se aloja en un albergue alejado del centro histórico de Burgos.	☐	☐
e Burgos solo conserva una de las doce puertas de su muralla.	☐	☐
f La catedral de Burgos se construyó con piedra blanca.	☐	☐

4 Une la información para formar frases correctas.

Burgos •	• tenían 12 puertas.
Los Reyes Católicos •	• eran muy temidos por los peregrinos.
Rosa •	• luchó como mercenario para los moros.
Los Montes de Oca •	• recibieron a Cristóbal Colón en Burgos.
El Cid •	• fue fundada por el rey Alfonso III.
Las murallas de Burgos •	• le regala un CD de cantos gregorianos a Amy.

5 Completa las informaciones según el texto:

a El *Homo Antecessor* está considerado ______

b El Cid es uno de los héroes ______

c Durante el franquismo en muchas ciudades ______

d Rosa trabaja ______

e La imagen del Cristo está llena ______

f A Amy le gusta el bullicio ______

6 Ponte en el lugar de Miguel. Escribe el mensaje que Amy recibe por correo electrónico.

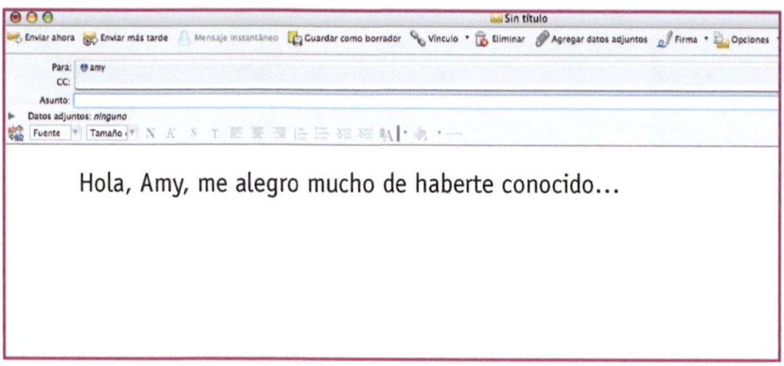

7 Explica con tus propias palabras por qué se dice que el Cid ganó su última batalla después de muerto.

Catedral de León

Juego de luces

8 LEÓN

¡Ya estoy a mitad del Camino! Me ha costado una semana andar de Burgos a León: una semana sin contratiempos, ni sustos, ni descubrimientos misteriosos, pero pasada por agua. Lleva lloviendo desde hace dos días y me he empapado[1] de los pies a la cabeza; menos mal que en casi todos los albergues hay lavadora y secadora y no he tenido problemas para secarme la ropa.

Desde hace tres días estoy andando en compañía de Fumiko, una chica japonesa que conocí mientras visitaba la iglesia templaria de Frómista, en la provincia de Palencia. Es estudiante de música en Tokio y ha pasado un año en el conservatorio de Sevilla aprendiendo guitarra flamenca. En Sevilla conoció a Ramón, que es pianista. Se hicieron novios y quieren casarse. Ramón también está haciendo el Camino de Santiago pero por una ruta diferente. Él va por un camino al que llaman la Vía de la Plata, que sale de Sevilla y llega a Astorga, donde se encuentra con el Camino Francés. Fumiko y Ramón van a encontrarse en Astorga para llegar juntos a Santiago de Compostela.

1 empaparse: mojarse.

–No dejo de pensar en él –dice Fumiko, mientras entramos a la ciudad por el barrio de Puente Castro–, tengo tantas ganas de verle...

Desde luego, parece muy enamorada y hasta habla de casarse.

–Me gusta vivir en España. No tengo ganas de volver a Japón. Aquí me siento muy bien. La gente que conozco es muy simpática y me gustan mucho los bares. Además, la casa donde vivo en Sevilla es muy bonita.

Ahora ya no llueve pero todavía está nublado y queremos llegar al centro de la ciudad antes de que empiece a llover otra vez. Tras cruzar el río Torio encontramos unas señales en el suelo en forma de concha de vieira que indican el camino hasta la catedral.

–¿Crees que había muchos leones aquí antiguamente? –me pregunta Fumiko.

–No, no –la corrijo–. El nombre de la ciudad no se refiere al animal sino a la palabra latina *Legio*. Se llama así porque la ciudad fue creada alrededor del campamento de una legión romana en el siglo I.

Cuando al fin llegamos a la catedral, las nubes se apartan un momento, un rayo de sol ilumina la fachada y nosotras nos quedamos mirándola con la boca abierta[2]. Con razón dicen que es la más bonita de España; sin embargo, lo mejor de ella está en el interior.

El contraste con la luminosidad exterior hace que al entrar nos parezca oscura, pero de repente el sol se cuela por las ventanas y entonces la catedral se transforma, como si estuviéramos en un teatro y alguien hubiera levantado el telón.

La luz que se filtra por los miles de cristales de las vidrieras ilumina el espacio con una magia de colores que únicamente

2 quedarse con la boca abierta: estar sorprendido, impresionado, maravillado.

existe en los cuentos de hadas. Con el rojo sangre, el naranja fuerte y el amarillo dorado, las paredes de la catedral parecen arder. Combinados con los azules, los verdes y los violetas dibujan arco iris que atraviesan la nave e iluminan el interior del templo.

–¡Qué maravilla! –exclamo–. Parece que se ha iluminado por arte de magia.

–Sí –añade Fumiko–, me recuerda un libro de cuentos que tenía cuando era pequeña.

–Pues esto no es todo –comento cuando salimos de nuevo a la calle–. Aquí en León tienen también el conjunto de arte románico más importante de España.

–¿Y dónde está eso?

–Aquí cerca, en la colegiata de San Isidoro. ¿Vamos a verlo?

Cuando llegamos a la colegiata, vamos directamente al panteón[3] de los Reyes, cuyas bóvedas[4] policromadas están decoradas con bonitos frescos[5] que representan escenas de la vida de Cristo: su infancia, su muerte y resurrección, pero con personajes medievales pintados con tres colores: azul, terracota[6] y blanco.

Fumiko y yo estamos solas en el panteón real. Poco a poco nos vamos separando y, cada una por su lado, contemplamos embobadas[7] los frescos. Aun a riesgo de atrapar una tortícolis[8], no puedo dejar de mirar al techo. Alrededor de las escenas hay cenefas[9] de flores y otros bonitos motivos decorativos que resaltan la arquitectura del panteón.

–¡Qué arte! ¡Qué maestría! ¡Qué frescura! –dice un señor con barba, gafas, traje de chaqueta y aspecto de profesor que de repente aparece a mi lado; no sé de dónde sale porque no estaba ahí cuando hemos llegado y no lo he visto venir–. Parecen

3 panteón: monumento funerario para el enterramiento de un grupo de personas.
4 bóveda: techo curvado entre dos muros o dos pilares.
5 fresco: pintura hecha en la pared o el techo con colores disueltos en agua de cal.
6 color terracota: color marrón que tira a rojizo.
7 embobadas: maravilladas, fascinadas.
8 tortícolis: dolor muscular en el cuello que obliga a tenerlo torcido y a mantener la cabeza inmóvil.
9 cenefa: dibujo de un mismo motivo repetido que se pone a lo largo de las paredes o de los techos.

miniaturas de un manuscrito iluminado[10] pero en grande –sigue diciendo.

Está pensando en voz alta, me digo a mí misma, sin darse cuenta de que lo hace. Las obras de arte son así: consiguen que quien las observa se olvide hasta de que habla solo.

–No estoy hablando solo, señorita Randall, sino con usted –dice el señor dirigiéndose hacia mí, como si me hubiera adivinado el pensamiento. Tiene una voz grave y un tono pausado.

–Oiga, ¿cómo sabe mi nombre? –le pregunto extrañada.

–Mire lo que pone ahí –añade señalando una frase en latín debajo de un capitel; miro atentamente pero solo consigo leer NUMQUAM porque el resto está medio borrado y es prácticamente ilegible[11].

–No lo veo bien.

–Dice: *"Nunca segundas partes fueron buenas"*. Téngalo en cuenta.

–¿Pero qué tiene eso que ver conmigo? –le pregunto mirando la inscripción. Y cuando vuelvo la cabeza el señor ha desaparecido.

–¡Pero oiga! –digo en voz alta–. ¿Dónde está? ¿Dónde se ha metido?

–¿Qué te pasa? –pregunta Fumiko acercándose–, ¿por qué gritas?

–¿Quién es ese hombre? ¿Cómo es que conoce mi nombre?

–¿Qué hombre?

–Un señor con barba que estaba aquí hace un momento. ¿No lo has visto?

–Yo no he visto a nadie. Estamos solas tú y yo, Amy.

–No puede ser, ¡si estaba aquí!

–Te digo que yo no he visto a nadie. Además estoy cansada y tengo ganas de tomarme un café.

–¿Pero qué habrá querido decir con eso de que *"Nunca segundas partes fueron buenas"*?

–No sé de qué hablas. ¿Nos vamos?

Yo no estoy tranquila, pero como no hay ni rastro del señor, acep-

10 **manuscrito iluminado:** manuscrito decorado en los bordes, las letras mayúsculas, etc., normalmente de tema religioso, que realizaban los monjes en la Edad Media.

11 **ilegible:** que no se puede leer.

to su propuesta. Con la mochila todavía al hombro nos vamos a buscar un sitio para tomar un café.

–Oye –le digo a Fumiko–, aquí en León hay uno de los mejores paradores de España. ¿Y si vamos allí a tomar un café?

–¿Un parador? –me pregunta–. ¿Es mejor que un albergue?

–¡Claro que es mejor! Los paradores son hoteles que pertenecen al Estado español y que están, en su mayor parte, en edificios históricos como monasterios o castillos. Restaurados, claro. Aquí hay uno magnífico, el hostal San Marcos. Fue construido por los Reyes Católicos como hospital de peregrinos y aunque en la Edad Media era un refugio para pobres, ahora solo se alojan allí los ricos, porque es de auténtico lujo. Pero podemos tomarnos un café, ¿quieres?

La cafetería del parador es muy cómoda; después de pedir café Fumiko va al baño y yo, para entretenerme, pero sobre todo para olvidarme del señor de la barba, cojo *El Correo del Norte*, un periódico que alguien ha dejado en la mesa de al lado. Lo miro por encima hasta que algo me llama la atención. Es una noticia, a pie de página, que dice:

Acto de vandalismo en la catedral de Santiago

Una vidriera románica del siglo XII, encontrada recientemente en la cripta[12] *de la catedral de Santiago, fue destrozada anoche por un ladrón. Se trata de una pieza excepcional, la más antigua de Europa según los expertos, que fue descubierta hace tres meses durante unas obras en la cripta. La restauración fue llevada a cabo por el taller de artesanos VitroArt, especialistas en vidrieras antiguas. Los trabajos se realizaron utilizando técnicas medievales hasta lograr los colores, texturas y dimensiones exactas de los vidrios originales.*

Ayer por la tarde tuvo lugar la presentación oficial de la vidriera, que representa una flor de lis dorada, con ribete[13] *azul, sobre un fondo*

12 cripta: lugar subterráneo donde se enterraba a los muertos.

13 ribete: cinta o cosa análoga con que se guarnece y refuerza la orilla del vestido, calzado, etc.

rojo. Esta mañana el conservador del museo ha descubierto que la noche pasada alguien ha destrozado la vidriera y ha robado los trozos de vidrio nuevos.

La policía gallega investiga este extraño robo, pero hasta ahora no hay ningún indicio que revele la identidad del ladrón. VitroArt ha comenzado a fabricar de nuevo las piezas robadas para recomponer otra vez la valiosa vidriera.

XELÍS DUARTE. Santiago de Compostela

–¿Qué lees? –pregunta Fumiko al volver a la mesa

–Nada –respondo–, estoy ojeando[14] el periódico.

Y sin saber por qué lo hago, saco de mi mochila unas tijeras, recorto el artículo y me lo guardo en el bolsillo. No sé por qué pero algo me dice que hay una extraña relación entre esa noticia y los trozos de vidrio que llevo en la mochila.

–Es ridículo –digo en voz alta, sin darme cuenta.

–¿Qué es ridículo? –pregunta Fumiko.

–Nada, nada –respondo –. Bueno, ¿vamos a buscar el albergue? –añado mientras termino el café– Y después a cenar, que me muero por probar la menestra[15] con cordero que hacen aquí en León.

Fuera ya es de noche y mientras nuestros pasos resuenan por las calles del centro de León, no me puedo quitar de la cabeza[16] la cara del señor de la barba ni el maldito caso de la vidriera. ¿Qué tendrá que ver todo esto conmigo?, me pregunto. Pero estoy muy lejos de encontrar una respuesta.

14 ojear: mirar de manera rápida y superficial.

15 menestra: guiso hecho con hortalizas y trocitos de carne o jamón.

16 no poder quitarse algo de la cabeza: estar pensando todo el tiempo en algo de manera obsesiva.

Las vidrieras

Una vidriera es una composición decorativa hecha con trozos de vidrios de color o pintados, unidos por varillas de plomo. Para crear una figura se funde un cristal con otro y se unen con plomo, aunque las más modernas se pueden unir con cemento. Se usan mucho en el arte religioso para decorar ventanas y rosetones[17], para iluminar el interior del templo con luz natural y conseguir un ambiente misterioso gracias a la combinación de colores.

El origen de este arte puede estar en los manuscritos iluminados que pintaban los monjes medievales, en algunas obras de orfebrería[18] de influencia islámica, o en las celosías[19] y vidrios de colores que llegaron a Europa desde Bizancio y la España musulmana.

De las primitivas vidrieras románicas, que se adaptaban a los gruesos muros de los edificios, quedan muy pocos restos, pero las vidrieras alcanzaron su máximo esplendor en la época gótica.

En España no había tanta tradición en el arte de la vidriera como en Francia; sin embargo, las vidrieras de la catedral de León pueden compararse con las de las famosas catedrales francesas de Chartres, Amiens o Reims y se cuentan entre las mejores del mundo.

En la catedral de León hay 125 vidrieras grandes y 57 más pequeñas. Juntas cubren una superficie de 1800 m^2 y la fecha de su creación varía desde el siglo XIII al XX.

Los temas que tratan son muchos y variados y no siempre son religiosos. Aunque muchas de las vidrieras representan santos, Vírgenes e historias de la Biblia, también hay flores, plantas y animales fantásticos e imaginarios. Otras revelan con detalle escenas de la vida cotidiana en la Edad Media, incluyendo una escena de caza. El rosetón, en la capilla[20] del Nacimiento, representa a unos peregrinos que ya han llegado a Santiago de Compostela.

17 rosetón: ventana circular con adornos que se encuentra normalmente en las iglesias.

18 orfebrería: arte de los orfebres, que labran objetos artísticos hechos de oro, plata y otros metales.

19 celosía: pantalla de listones de madera o hierro que se pone en ventanas y otros lugares para evitar que las personas que están dentro puedan ser vistas desde el exterior.

20 capilla: parte de una iglesia que tiene altar.

A VER SI HAS ENTENDIDO

1 Responde a estas preguntas:

a ¿Cuánto tarda Amy en el trayecto de Burgos a León?

b ¿Por qué le gusta a Fumiko vivir en España?

c ¿Qué representan los frescos del panteón de los Reyes?

d ¿Cómo es el señor que le habla a Amy en el panteón?

e ¿Qué temas se representan en las vidrieras de la catedral de León?

f ¿De qué época son estas vidrieras?

2 ¿Verdadero o falso?

	V	F
a La colegiata de San Isidoro está cerca de la catedral.		
b Desde Frómista a León Amy ha viajado sola.		
c Los ladrones han robado una vidriera del siglo XII.		
d La Policía tiene algunas pistas sobre los ladrones.		
e Quedan muy pocas vidrieras románicas.		
f En la catedral de León hay 125 vidrieras grandes y 57 más pequeñas.		

3 Añade la información que falta según el texto:

a León fue creada alrededor de ______

b El conservador del museo ha descubierto que ______

c Las vidrieras son composiciones decorativas ______

d El hostal San Marcos fue construido ______

e Las vidrieras se usan mucho en el arte religioso para ______

f El rosetón de la capilla del Nacimiento representa ______

4 Escribe lo que sepas sobre:

a Fumiko ______

b El panteón de los Reyes ______

c Los paradores ______

d Las vidrieras de la catedral de León ______

5 ¿A qué palabras del texto se refieren estas definiciones?

a Establecimiento público donde se dan enseñanzas de música: ______

b Cubierto de nubes: ______

c De varios colores: ______

d Pelo que nace debajo de la boca y en los carrillos: ______

e Acción destructiva que no respeta nada: ______

6 Une la información para formar frases correctas:

León se llama así porque •	• el mejor conjunto de arte románico de España.
En León tienen también •	• fueron buenas.
Nunca segundas partes •	• se creó sobre el campamento de una legión romana.
Ayer por la tarde •	• probar la menestra con cordero.
Amy se muere por •	• tuvo lugar la presentación oficial de la vidriera.
Para crear una vidriera •	• se funde un cristal con otro y se unen con plomo.

7 Cuenta con tus propias palabras la noticia aparecida en *El Correo del Norte.*

Palacio episcopal de Astorga

Cruce de caminos

9 ASTORGA

La Vía de la Plata era una antigua calzada romana que cruzaba la península Ibérica de sur a norte para unir las ciudades de Mérida, en Extremadura, y Astorga, en León. Hoy la Vía de la Plata es una ruta turística que pasa por ciudades históricas como Cáceres, Zamora y Salamanca, donde quedan edificios y monumentos de gran interés cultural. La Vía de la Plata es también una de las rutas del Camino de Santiago, que sale de Sevilla y se une en Astorga con el Camino Francés.

Al igual que León, Astorga empezó sus días como un campamento romano levantado sobre un viejo castro celta[1]. Durante el Imperio romano llegó a ser una ciudad importante y en la Edad Media se convirtió en un lugar estratégico[2] y en una etapa clave del Camino de Santiago.

Después de Burgos, Astorga fue el lugar del Camino con más hospitales para peregrinos. Llegó a tener 25 hospitales, y un hombre al que llamaban el *veedor* iba de hospital en hospital al caer la noche, comprobando que los vagabundos[3] o los viajeros no aprovecharan para quedarse a vivir gratis en los hospitales de peregrinos.

Hoy en día Astorga es una ciudad monumental que conserva importantes restos de las murallas y uno de los mejores conjuntos artísticos de León. Es también la capital de una comarca emblemática[4]

1 **castro celta:** poblado fortificado construido en zonas altas, propio de un grupo de pueblos que habitó en gran parte de la Europa occidental antes del Imperio romano.
2 **estratégico:** de gran importancia para el desarrollo de algo.
3 **vagabundo:** persona que anda de un lugar a otro sin oficio ni domicilio.
4 **emblemático:** símbolo de algo.

llamada la Maragatería. Su catedral, dedicada a Santa María y construida en estilo gótico florido[5], destaca por su grandeza y esbeltez[6].

Hemos tardado dos días de León a Astorga y desde que hemos llegado Fumiko está nerviosa. Ayer, cuando estábamos cenando en Villadangos del Páramo, donde pasamos la noche, recibió un SMS de Ramón diciendo que él ya estaba en Astorga y que la estaba esperando. Esta noche la he escuchado moverse mucho en la litera de abajo en el albergue; creo que apenas ha dormido. Y hoy no ha querido parar de andar, ni siquiera para descansar un poco después de comer, porque quería llegar pronto a Astorga.

–Conocer a Ramón es lo mejor que me ha pasado –me dice al entrar en la ciudad. Está muy impaciente por verle.

Al llegar a la plaza Mayor, vemos algo que nos choca[7]. Un joven con capucha[8] está tirando del bolso de una señora mayor que intenta retenerlo con las dos manos. El joven tiene más fuerza que la señora; le quita el bolso y sale corriendo bajo los soportales[9]. La señora cae al suelo con el impulso y grita:

–¡Mi bolso, mi bolso! ¡Devuélveme mi bolso!

Sin pensarlo, Fumiko se quita la mochila, la deja a mi lado y sale corriendo tras el ladrón. Es tan ágil que lo alcanza muy pronto y le da un tirón de la chaqueta. El ladrón se da la vuelta e intenta darle un puñetazo, pero Fumiko es más rápida que él y con un movimiento rápido le da una patada[10] en la cara. El bolso de la señora cae al suelo, se abre y todas las cosas se derraman por el suelo. El ladrón, enfadado, intenta pegar a Fumiko, pero ella le hace una llave de un arte marcial y lo deja en el suelo. Al ladrón se le cae la capucha y vemos que apenas es un muchacho. Cuando se ve descubierto, se levanta muy rápido y sale corriendo dejando el bolso tirado en el suelo.

Mientras Fumiko sigue al ladrón yo me acerco a socorrer[11] a la señora y juntas nos vamos hacia el bolso. Yo empiezo a recoger todas las cosas del suelo y se las voy dando a la señora para que las guarde de nuevo: un monedero, unas gafas, unas llaves, un pañuelo, un trozo de vidrio dorado que parece un espejo roto, una cajita de medicamentos, un teléfono móvil...

5 **gótico florido:** en arquitectura, último período del gótico con gran abundancia de ornamentación.
6 **esbeltez:** cualidad que consiste en ser alto, delgado, de formas proporcionadas.
7 **chocar:** sorprender, causar extrañeza.
8 **capucha:** trozo de tela o parte de una prenda de vestir que cubre la cabeza y a veces también la cara.
9 **soportal:** galería cubierta que tienen algunas casas delante de su puerta y fachada principal.
10 **patada:** golpe dado con la pata del animal o con el pie de una persona.
11 **socorrer:** ayudar, prestar ayuda.

–Esto no es mío –dice la señora devolviéndome el trozo de vidrio–. Esto no estaba en mi bolso.

Lo cojo de nuevo y al mirarlo de cerca me doy cuenta de que no es un espejo de mano roto sino un vidrio que representa la hoja central de una flor de lis. El color es igual que el del pedazo de vidrio que encontré en San Millán de la Cogolla. Exactamente igual. Es más, apostaría a que el vidrio que llevo en la mochila encaja perfectamente donde a este le falta un trozo.

Un escalofrío me recorre la espalda y apenas oigo las palabras de agradecimiento de la señora hacia Fumiko, que ha vuelto cuando el ladrón ha dejado la plaza.

–No es nada –dice mi compañera–, ya no soy tan buena como antes, hace tiempo que no practico, pero aún puedo darle una lección a un ladrón.

Yo no tenía ni idea de que Fumiko fuera cinturón negro de aikido, pero me alegro por la señora. Aunque no por mí; ahora tengo en mis manos otro misterioso trozo de vidrio que me recuerda que algo o alguien me sigue los pasos.

Miro hacia un lado y otro a ver si veo a alguien pero, aparte de nosotras, no hay nadie más en la plaza. Y el muchacho ha desaparecido para siempre. En ese momento, dos figuras mecánicas que representan a un hombre y una mujer, vestidos con el traje típico de maragato, marcan las cinco en la espadaña[12] central que hay entre las dos torres del Ayuntamiento.

Tras despedirnos de la señora, que se empeña en[13] invitarnos a un chocolate, nos acercamos al palacio episcopal, donde Fumiko ha quedado con Ramón. El palacio es un edificio modernista construido a finales del siglo XIX por el arquitecto Antoni Gaudí.

–Más que una casa para un obispo parece un castillo de cuento de hadas –comenta ella al acercarnos–. ¡Es casi tan grande como la catedral!

El palacio, que es ahora un museo dedicado al Camino de Santiago, está construido con piedra de granito, y sus torreones están cubiertos de pizarra negra. El edificio, de cuatro plantas, está rodeado de un foso y en

12 espadaña: campanario de una sola pared con huecos donde se colocan las campanas.
13 empeñarse en: insistir mucho en algo.

el interior hay una capilla imponente y un sótano[14] de estilo mudéjar[15]. Por dentro está decorado con cerámicas y vidrieras del propio Gaudí.

Pero a Fumiko le importa un pimiento[16] el palacio de Gaudí; lo que le importa es la persona que la está esperando en la puerta: Ramón, un sevillano moreno guapísimo y bastante más alto que ella, que la recibe con los brazos abiertos, la levanta del suelo y le da varias vueltas en el aire antes de venir a saludarme a mí.

–Prométeme –me pide Fumiko al despedirse– que vendrás a mi boda y serás una de mis damas de honor.

–Bueno, pero tú tienes que prometerme que no tendré que vestirme de *geisha*, no creo que me quede bien el traje.

–Tú estarás tan guapa como mis amigas japonesas, pero no te preocupes, no quiero una boda tradicional. Yo soy más moderna de lo que tú crees.

Tras intercambiar los números de teléfono y las direcciones de correo electrónico, Fumiko me da dos besos y se va con Ramón a un hotel donde él ha reservado habitación. A partir de ahora seguirán juntos hasta Santiago.

Antes de ir a buscar el albergue San Javier, donde pienso alojarme, me compro una caja entera de mantecadas de Astorga, que son unas pastas típicas de aquí. Me pregunto si no estaré un poco celosa de Fumiko y de Ramón y si las mantecadas no son una compensación para no sentir celos, pero qué importa, lo que cuenta es que están buenísimas.

La verdad es que yo también quisiera tener ahora a alguien para contarle lo que me preocupa: que los trozos de vidrio que llevo en la mochila me pesan cada vez más. Estoy empezando a pensar que este misterio que me acompaña está relacionado con la extraña noticia del periódico sobre el robo de trozos de una vidriera muy antigua, pero no comprendo qué tiene que ver todo esto conmigo. Tengo que reconocer que me asusta pensar en lo que todavía me reserva el Camino.

14 **sótano:** habitación subterránea, muchas veces abovedada, en los cimientos de un edificio.

15 **mudéjar:** se llamaba así a los musulmanes que vivían en territorio cristiano en la península Ibérica. En arte es un estilo arquitectónico cristiano con ornamentación de influencia árabe.

16 **importar un pimiento:** importar poco o nada.

Gaudí y el Modernismo

El Modernismo fue una corriente artística que se desarrolló en España a finales del siglo XIX y principios del XX, como una adaptación del *Art Nouveau* francés. El Modernismo tuvo su principal expresión en la arquitectura y en la fabricación de muebles, vidrieras, rejas, azulejos, pinturas murales y otras artes decorativas. El arquitecto más representativo del Modernismo español es el catalán Antoni Gaudí.

La obra de Gaudí es muy personal e intuitiva. Gaudí tenía mucha imaginación y una gran capacidad creativa y concebía los edificios de forma global. Para él era tan importante la estructura como los elementos decorativos y daba importancia hasta al más mínimo detalle. No solo era arquitecto sino también ceramista, vidriero, forjador de hierro y carpintero.

Fue pionero[17] del reciclaje de materiales porque inventó su famoso *trencadís*, una forma de hacer murales y paredes de azulejos con trozos de cerámica que sobraban y materiales de desecho.

El Modernismo de Gaudí se inspira en la naturaleza y se caracteriza por la utilización de formas geométricas como hélices y conos que dan volumen y relieve a las superficies. En su obra, a caballo entre la tradición y la innovación, se reflejan sus cuatro grandes pasiones: la naturaleza, la arquitectura, la religión y el amor a su tierra.

Su obra se conoce hoy en todo el mundo y es admirada por profesionales y por el público en general. Algunos de sus edificios han sido declarados Patrimonio de la Humanidad por la UNESCO. Sus obras más famosas, la Casa Milá, la Casa Batlló, el parque Güell y la Sagrada Familia, se encuentran en Barcelona, pero también hay algunos de sus edificios en el norte de España, como la Casa Botines, en León, y el Palacio Episcopal de Astorga.

Gaudí tuvo una muerte trágica: murió atropellado por un tranvía en Barcelona, antes de terminar su obra más conocida: el templo de la Sagrada Familia, que todavía está en construcción.

17 pionero: persona que es la primera en realizar una actividad.

A VER SI HAS ENTENDIDO

1 Responde a estas preguntas:

a ¿Qué dos ciudades unía la Vía de la Plata romana?

b ¿Por qué tiene Fumiko tanta prisa por llegar a Astorga?

c ¿Qué objetos llevaba la señora en el bolso?

d ¿Qué era Gaudí además de arquitecto?

e ¿Por qué se dice que Gaudí fue pionero del reciclaje?

f ¿Cuáles eran las cuatro pasiones de Gaudí?

2 Relaciona la información y forma frases correctas.

En la Edad Media, León •	• es un edificio modernista.
León •	• es una adaptación del *Art Nouveau* francés.
El palacio episcopal •	• conserva importantes restos de sus antiguas murallas.
Fumiko •	• está decorado con cerámicas y vidrieras de Gaudí.
El palacio episcopal •	• es cinturón negro de aikido.
El Modernismo •	• era una etapa clave del Camino de Santiago.

3 Ordena cronológicamente el episodio del robo del bolso. Después, escríbelo de nuevo en pasado utilizando nexos:

entonces, después, luego, pero, y, sin embargo

- [ ] La señora cae al suelo con el impulso.
- [ ] El bolso de la señora se cae y las cosas de su interior se derraman por el suelo.
- [ ] Enfadado, el ladrón intenta de nuevo pegarle a Fumiko.
- [ ] Un joven tira del bolso de una señora mayor, que intenta retenerlo.
- [ ] Sorprendido, el ladrón intenta darle un puñetazo a Fumiko.
- [ ] Fumiko sale corriendo detrás del ladrón y lo alcanza muy pronto dándole un tirón de la chaqueta.
- [ ] Al ladrón se le cae la capucha y viéndose descubierto se levanta del suelo y huye sin el bolso.
- [ ] El joven le quita el bolso y sale corriendo.
- [ ] Fumiko le hace una llave de aikido y deja al ladrón en el suelo.
- [ ] Fumiko, con un movimiento rápido, le da una patada en la cara.

4 ¿Verdadero o falso?

	V	F
a Astorga fue el lugar del Camino donde se construyeron más hospitales de peregrinos.		
b Fumiko duda un poco pero al final sale corriendo tras el ladrón.		
c El ladrón sale huyendo con el bolso en la mano.		
d Amy no sabía que su amiga era cinturón negro de aikido.		
e El palacio episcopal está decorado con cerámicas y vidrieras.		
f Fumiko se siente muy impresionada por el palacio episcopal.		
g Las obras más famosas de Gaudí se encuentran en Barcelona.		

5 Haz comparaciones entre estas parejas según el texto:

a Fumiko y Ramón ______________________________

b El ladrón y la señora del bolso ______________________________

c Fumiko y el ladrón ______________________________

d El vidrio del bolso y el vidrio que Amy encontró en San Millán ______________________________

e El palacio episcopal y la catedral ______________________________

6 Completa:

a Astorga empezó sus días como ______________________________

b El *veedor* iba por los hospitales para ______________________________

c Hoy en día, Astorga es ______________________________

d En ese momento, dos figuras mecánicas ______________________________

e En el interior del palacio episcopal hay ______________________________

f Algunos edificios de Gaudí han sido declarados ______________________________

7 A lo largo de la historia la protagonista nombra distintos tipos de alojamiento, p. ej. *albergue*. Escríbelos y añade algunos más.

____

____

Castrillo de los Polvazares

El cocido al revés

10 CASTRILLO DE LOS POLVAZARES

Esta mañana he salido de Astorga dispuesta a hacer una etapa entera, pero al llegar a Castrillo de los Polvazares, que está solo a 3 kilómetros, me ha parecido tan bonito que he decidido quedarme a comer y ver el pueblo.

Estoy en pleno corazón de la Maragatería, una comarca de la provincia de León. Sus habitantes, los maragatos, fueron considerados hasta el siglo XIX una especie de raza aparte del resto de los españoles.

Castrillo de los Polvazares es un pueblo pequeño y muy bien conservado. Con sus casas bajas de piedra marrón clara y arcilla roja, es un ejemplo estupendo de la arquitectura popular de la Maragatería. Por lo general las casas se distribuyen alrededor de un patio central, y muchas puertas, ventanas y balcones están pintados de verde y rodeados de un marco blanco. Algunas casas tienen blasones[1] y grandes portones, pensados para que pudieran entrar los carruajes al patio.

El pueblo vive principalmente del turismo y de los peregrinos. Varias casas se han transformado en restaurantes

1 **blasón:** escudo de armas.

y otras en pequeñas tiendas donde venden productos típicos de la comarca.

Al pisar las losas de las calles empedradas, que relucen[2] pulidas[3] por las suelas de los zapatos de millones de peregrinos, siento una sensación de calma. Casi todas las calles son peatonales[4] y no hay casi coches, ni ruido, ni contaminación.

Al entrar por la calle Real, que es la calle principal del pueblo, donde están la mayoría de los restaurantes, oigo que alguien grita a mis espaldas:

–¡*Ultreia et Suseia*, Amy!

Me giro y veo que detrás de mí hay una pareja con mochila y bastón que me saluda agitando el brazo. Me paro al pie de una cruz que hay al principio de la calle y me siento a esperarlos. Los he reconocido enseguida: son Heidi y Klaus, la pareja de alemanes que conocí en Estella.

–*¡Ultreia et Suseia!* –les contesto cuando se encuentran más cerca. Después de saludarnos y contarnos algunas anécdotas de nuestros viajes, decidimos ir a buscar un restaurante para comer juntos.

–¿Qué podemos comer? –pregunta Klaus al señor que nos sirve.

–Hoy hay cocido maragato –responde el señor–. Es nuestra especialidad y el plato más típico de la comarca.

–Me encanta el cocido –les digo–, es uno de mis platos favoritos. Lleva carne, verduras y garbanzos, ¿verdad?

–Sí, pero este no es como en el resto de España. Este lleva muchas carnes diferentes: chorizo, morro[5] de cerdo, oreja de cerdo, paletillas[6], pollo, tocino[7], carne de vaca, cecina[8]...

–¿Tiene mucha grasa? –pregunta Heidi–. A mí no me gusta si es muy graso.

2 relucir: brillar, resplandecer.
3 pulidas: que están tan limpias que brillan.
4 peatonal: zona de una población por donde solo se permite pasar a las personas que van a pie.
5 morro: parte de la cara de algunos animales donde están la nariz y la boca.
6 paletillas: omoplatos, dos huesos grandes situados a ambos lados de la parte superior de la espalda.
7 tocino: carne grasa del cerdo.
8 cecina: carne del cerdo con el que se hacen chorizos, salchichas y otros embutidos.

–Hombre, un poco sí. Es el plato con el que se alimentaban los trabajadores del campo. Comían una sola comida al día y tenían que aguantar[9] toda una jornada de trabajo.

–No tienes que comerte la carne si no quieres –le dice Klaus–, puedes comerte solo las verduras.

–También hay sopa, ¿no? –pregunto yo–. He comido muchas veces cocido, sobre todo en Madrid, y siempre hay una sopa primero.

–Sí, pero este cocido se come al revés.

–¿Al revés? –le pregunto.

–Sí, aquí se come primero la carne, luego la verdura y en último lugar la sopa, que ayuda a digerir la carne.

Cuando llega la carne empezamos a comer: yo con entusiasmo, mis compañeros intentando apartar la grasa. Mientras comemos, la televisión está encendida como en muchos restaurantes en España. Son las tres de la tarde y es la hora del *Telediario*, el informativo que cuenta las noticias del día. No estoy pendiente de[10] la tele, pero una de las noticias me llama la atención y levanto la vista del plato. En la pantalla, un periodista que entrevista a un señor acaba de pronunciar las palabras: *vidriera, románica y misterio*.

–¿Cómo se explica usted el fenómeno? –pregunta el periodista.

–Por el momento no hay ninguna explicación. Es un caso insólito[11], incomprensible.

–¿Pero qué dice la policía?

–Ha puesto vigilancia por las noches. Incluso han puesto cámaras, pero no hay nada que hacer. Siempre ocurre lo mismo: la vidriera que dejamos restaurada en la cripta por la noche, aparece rota a la mañana siguiente y siempre le faltan las mismas piezas,

9 aguantar: soportar.
10 estar pendiente de: prestar atención a.
11 insólito: raro, extraño.

las nuevas. Y ni la policía ni las cámaras tienen ninguna evidencia de que nadie se haya acercado a ella. Además...

–¿Dónde vas a alojarte esta noche? –me pregunta Heidi, interrumpiendo mi atención al televisor.

–Creo que voy a quedarme aquí –le respondo sin mirarla, intentando escuchar el resto de la noticia.

–Nosotros vamos a dormir en Rabanal del Camino –añade Klaus–. Dicen que es muy bonito.

– ...el próximo sábado Televisión Española les ofrecerá un reportaje sobre este extraño caso en *Informe Semanal*[12] –concluye la presentadora antes de pasar a las noticias deportivas. Y yo me quedo sin enterarme del final de la extraña noticia.

–¿No quieres venirte con nosotros? –me pregunta Heidi.

–Prefiero quedarme aquí –respondo.

Me siento confundida. Intuyo que la noticia del *Telediario* tiene algo que ver con los trozos de vidrio que he encontrado, pero no puedo ni imaginar qué relación puede tener conmigo.

Aunque es una comida un poco pesada, a mis compañeros les encanta el cocido maragato, y al final de la comida, Heidi pregunta al señor:

–¿Nos puede explicar cómo se hace?

–El secreto está en cocerlo lentamente –responde el señor–. Se cuecen primero las carnes, luego se añaden los garbanzos y la berza, y con el caldo se hace la sopa.

Después de comer, Heidi y Klaus siguen camino hacia Rabanal del Camino, pero yo he decidido quedarme en Castrillo de los Polvazares. Me despido de ellos y me voy a dejar la mochila en la hospedería antes de salir a dar un paseo por el campo. En los prados que rodean el pueblo hay varios árboles con nidos de cigüeñas.

12 ***Informe Semanal***: nombre de un programa de la televisión pública española que incluye reportajes sobre acontecimientos ocurridos durante la semana.

No es la primera vez que veo estas aves desde que entré en la provincia de León. Su vuelo es lento y su batir de alas es rítmico y majestuoso. Instalan sus grandes nidos, hechos con ramas de árboles y rellenos de hierba, en lo alto de campanarios, tejados, torres y chimeneas, donde se las puede ver dando de comer a sus crías.

Las cigüeñas son siempre bienvenidas. Se las asocia con las buenas cosechas y con el nacimiento de los niños, pero desgraciadamente están amenazadas por la desecación de las zonas húmedas y por el uso de los pesticidas en la agricultura.

Al ponerse el sol vuelvo al pueblo. En la calle Real hay un desfile de maragatos, vestidos con los trajes típicos y bailando danzas tradicionales. Las mujeres van vestidas de negro con delantal[13] y toquilla[14] de vivos colores. Los hombres llevan unos pantalones hasta la rodilla y unas botas altas, sombrero negro y camisa negra, con pechera[15] y cinturón de color. De las manos cuelgan cintas de colores que agitan al bailar.

Cuando se acaban los bailes, uno de los hombres vestidos de maragato viene hacia mí y me entrega un paquetito envuelto en un papel marrón. Yo lo cojo, pensando que se trata de un recuerdo para turistas, pero antes de que me dé tiempo a darle las gracias, el señor se aleja bailando con el grupo de danzas tradicionales.

Abro el paquete y empiezo a sentir miedo porque lo que contiene es un trozo de vidrio azul: un trozo de flor de lis. Ahora sé que no hay duda: los trozos de vidrio que llevo conmigo, envueltos en mi toalla, pertenecen a la vidriera de la que hablaban las noticias del *Telediario*.

Debería llamar a la policía, pero ¿qué voy a contarles? No van a creerme; mi historia es demasiado inverosímil[16] y no quiero que

13 delantal: prenda de vestir que se ata a la cintura y cubre la parte delantera del cuerpo.

14 toquilla: pañuelo de lana usado por las mujeres y los niños para protegerse del frío.

15 pechera: parte de la camisa u otra prenda de vestir que cubre el pecho.

16 inverosímil: muy difícil de creer, extraordinario.

me relacionen con los ladrones de la catedral. Lo que está claro es que hay alguien que me está siguiendo los pasos, que sabe que viajo sola y que se camufla[17] en el paisaje urbano y rural.

La sensación de miedo se apodera de mí. Estoy sola, perdida en un pequeño pueblo de la Maragatería, mi móvil no funciona y no sé a quién pedir ayuda. Tengo que marcharme de aquí, ahora mismo. Sé que no es prudente andar por la noche, pero es mejor que quedarme aquí pasando miedo. Si me doy prisa puedo estar en Rabanal del Camino dentro de tres horas. Tengo que resolver este misterio sola. Si le cuento algo a alguien pensará que estoy loca. Perderé mi credibilidad, y eso es lo último que puede perder un periodista.

17 camuflar: disimular dándole a algo aspecto de otra cosa.

Los maragatos

Los maragatos, los antiguos habitantes de la comarca, son un grupo étnico que hasta el siglo XIX estaba considerado una raza aparte. Sus orígenes son desconocidos, aunque según diferentes teorías podrían descender de:

- Los cartagineses, que ocuparon algunas zonas de España antes de la dominación romana y se quedaron reducidos a la zona de León.
- Los bereberes, que se quedaron aislados en esa zona en el siglo IX y se convirtieron al cristianismo.
- Los celtas, porque tienen algunas costumbres parecidas a las de los celtas de Bretaña.
- Los *baragwata*, una tribu del norte de África que quedó aislada en la zona en el siglo VIII.

Como la geografía de la comarca es muy accidentada y había poca agricultura, los maragatos escogieron el comercio como forma de vida. Eran arrieros, es decir que se dedicaban a viajar con sus mulas, llevando artículos de un lado a otro para venderlos. Utilizaban las antiguas vías romanas y el Camino de Santiago para llegar por un lado a Galicia y, por otro, hasta Madrid, por la Vía de la Plata. Comerciaban sobre todo con pescado y carbón del norte que llevaban al sur, donde lo cambiaban por embutidos y productos de secano, y tenían fama de ser muy honestos. Se casaban entre ellos y no se mezclaban con el resto de los españoles.

El viajero inglés Richard Ford escribió en 1830 sobre los maragatos: *"Su honradez y laboriosidad*[18] *se han hecho famosas. Es una gente sosegada, grave, inexpresiva, practica e industriosa*[19]*. Sus tarifas son altas pero las compensa la seguridad, pues se les podría confiar oro molido".*

Hoy en día, aunque los tiempos han cambiado, los maragatos conservan todavía muchas de sus costumbres, así como su arquitectura popular, su música, su ropa y su gastronomía. Y sobre todo su famoso cocido maragato, que se come al revés.

18 laboriosidad: cualidad de la persona que es muy trabajadora.
19 industrioso: que es muy trabajador.

A VER SI HAS ENTENDIDO

1 Responde a estas preguntas:

a ¿Cómo son las casas de Castrillo de los Polvazares?

b ¿Por qué experimenta Amy una sensación de calma en este pueblo?

c ¿Dónde hacen su nido las cigüeñas?

d ¿Con qué se asocia a estas aves?

e ¿Quiénes son los maragatos?

f ¿Cómo se prepara el cocido maragato?

2 ¿Verdadero o falso?

	V	F
a Amy se queda a dormir en Castrillo de los Polvazares.	☐	☐
b Las cigüeñas traen mala suerte.	☐	☐
c A Heidi no le gusta nada el cocido maragato.	☐	☐
d Con el cocido madrileño se toma primero una sopa.	☐	☐
e Los maragatos conservan muchas de sus costumbres.	☐	☐

3 Une la información para formar frases correctas.

Los maragatos •	• se las asocia con las buenas cosechas.
A las cigüeñas •	• vive sobre todo del turismo y los peregrinos.
Castrillo de los Polvazares •	• es una comarca de la provincia de León.
La Maragatería•	• fue un viajero inglés del siglo XIX.
El *Telediario* •	• se casaban entre sí.
El pueblo •	• es un programa de noticias.
Richard Ford •	• es un pueblo bien conservado.

4 "Algunas casas del pueblo se han transformado en pequeñas tiendas que venden productos típicos de la comarca...". **Haz una lista con nombres de tipos de tiendas que existen en español ¿Sabes qué venden?**

____

____

5 Señala la respuesta correcta:

A. El traje de las mujeres maragatas consta de…

a traje y sombrero negro, delantal y toquilla de colores.

b traje y delantal de colores y toquilla negra.

c delantal y toquilla de colores y traje negro.

B. Las cigüeñas hacen sus nidos en…

a campanarios, torres, puentes y tejados.

b torres, fuentes, chimeneas y tejados.

c tejados, campanarios, chimeneas y torres.

C. El viajero Richard Ford describió a los maragatos como gente…

a inexpresiva y poco trabajadora.

b honrada, expresiva y muy trabajadora.

c tranquila, honrada y muy trabajadora.

6 Escribe el contrario de los adjetivos en negrita:

a "La televisión está **encendida**…" ____________________

b "Es un caso **insólito, incomprensible**" ____________________

c "Es una comida un poco **pesada**" ____________________

d "Las mujeres llevan toquillas de **vivos** colores" ____________________

e "Mi historia es… **inverosímil**" ____________________

f "Hay alguien… que sabe que viajo **sola**" ____________________

g "Si le cuento esto a alguien pensará que estoy **loca**" ____________________

h "La geografía de la comarca es muy **accidentada**" ____________________

i "Los maragatos tenían fama de ser **honestos**" ____________________

7 Describe el traje típico de alguna región de tu país.

El castillo templario de Ponferrada

Tierra de templarios

11 PONFERRADA

Anoche llegué a Rabanal del Camino justo antes de que cerraran el albergue, y esta mañana he salido cuando todavía era de noche para llegar a tiempo de ver el amanecer desde la Cruz de Ferro.

La Cruz de Ferro es una cruz de hierro muy sencilla, situada en los Montes de León, a 1 504 metros de altitud. Está sujeta en lo alto de un palo largo, sobre un montón de piedras que se ha ido formando a lo largo de los siglos. Siguiendo un ritual muy antiguo, cada peregrino que va a Santiago deposita[1] una piedra al pie de esta cruz para pedir protección durante el Camino. Yo dejo la piedra que cogí en Roncesvalles y que he llevado conmigo durante todo este tiempo. Me gustaría dejar allí también los trozos de vidrio que he ido encontrando y librarme del peso de este misterio, pero algo me dice que tengo que llevarlos hasta la catedral de Santiago.

Esta etapa, de Rabanal del Camino a Ponferrada, es muy dura pero es también una de las más bonitas del Camino. Hay tramos[2] muy difíciles, con algunos senderos muy malos.

1 depositar: dejar algo en algún lugar por tiempo indefinido.
2 tramo: cada una de las etapas en que se puede dividir una extensión de tiempo o espacio.

No hay mucha sombra para protegerse del sol, pero los paisajes de los Montes de León son impresionantes y compensan la dureza del camino.

Muchos peregrinos hacen esta ruta en ocho horas, pero yo estaba cansada y tensa porque he dormido poco y me he pasado todo el tiempo mirando hacia atrás por si alguien me seguía. Solo he descansado un poco en Manjarín, un pueblo fantasma donde solo hay un refugio y unos carteles pintados a mano que indican las distancias a lugares famosos como Santiago (222 km), Roma (2 475 km) y Jerusalén (5 000 km).

He dejado atrás la Maragatería y ahora estoy en la comarca del Bierzo, en un valle entre dos ríos rodeado de altas montañas y donde, gracias a su microclima, crecen los viñedos.

Sigo andando bajo un sol implacable[3] hasta que llego a Ponferrada, la capital de la comarca del Bierzo y la última ciudad grande antes de llegar a Santiago. Fundada sobre un antiguo castro celta, fue también una ciudadela romana y su nombre deriva de *Pons Ferrata*, que quiere decir "puente de hierro". El nombre se refiere a un puente medieval sobre el río Sil que fue reforzado con hierro en el año 1802 para hacer más fácil el paso de los peregrinos a Santiago.

Ponferrada, que domina estratégicamente la comarca, fue entregada en el siglo XII a los caballeros de la Orden del Temple por el rey de León. Los templarios ampliaron la pequeña fortaleza que había entonces y construyeron un espectacular castillo para defender mejor el Camino de Santiago.

Lo primero que hago al llegar es registrarme en el refugio de Ponferrada. Me toca una habitación con dos literas para cuatro personas. Cuando descubro quién es la persona que ocupa la litera que hay sobre la mía me llevo una sorpresa: es Massimo, el

3 implacable: que no se puede suavizar.

italiano que conocí en Puente la Reina y que hace el Camino en bicicleta.

–Yo pensaba que ya habías llegado a Santiago –le digo–. ¿No decías que con la bici se iba más rápido?

–Me he quedado algunos días visitando lugares templarios.

–Ah, es verdad, recuerdo que me dijiste que estás muy interesado en los templarios.

–Sí, he pasado varios días en Frómista estudiando la iglesia templaria. ¿La conoces? ¿Quieres que te explique cómo es?

–Sí, conozco esa iglesia –le digo pensando con nostalgia en Fumiko–. ¿Cuánto tiempo vas a quedarte en Ponferrada?

–Hasta que estudie cada detalle del castillo.

–Si te interesan los templarios tienes que ir también a ver Las Médulas –dice el hospitalero, que ha escuchado nuestra conversación–. Son las ruinas de unas minas romanas. Los romanos destrozaron las montañas para extraer el oro y cuando agotaron[4] las minas las abandonaron dejando un paraje[5] desolado[6]. Con el paso de los siglos, la erosión lo ha convertido en un paisaje de película de ciencia ficción. Merece la pena verlo. No está lejos con la bici.

–¿Y qué tienen que ver los templarios con esas minas? –pregunto.

–Construyeron varios castillos en torno a las minas. Siempre construían sus fortalezas cerca de grandes fuentes de riqueza. Parece ser que Las Médulas no estaban tan agotadas como pensaban los romanos, y los templarios supieron aprovecharlas y encontraron mucho oro.

–Muy interesante –dice Massimo–. Mañana puede que vaya a verlas, pero ahora quiero que vengas conmigo a ver el castillo. ¿Espero a que te duches y te cambies?

4 agotar: gastar totalmente, consumir.
5 paraje: lugar, sitio.
6 desolado: se dice de un lugar desierto, que parece abandonado.

Me lavo y me cambio y salgo con Massimo a ver el famoso castillo templario. Este castillo es uno de los ejemplos más bellos de arquitectura militar de España, pero ha experimentado tantas modificaciones a lo largo de los siglos que no se parece mucho al original; parece más bien un decorado para una película de Hollywood. Antiguamente estaba unido a la ciudad por el puente de hierro que le da nombre.

Mientras paseamos por el patio de armas[7] Massimo no para de hablar de todo lo que ha descubierto, y yo pienso que tal vez deba hablarle de lo que me preocupa. Desde que encontré el primer trozo de vidrio en Roncesvalles, el secreto se me hace cada vez más pesado. No puedo contarle nada a mi redactora porque no tengo pruebas. Además me siento desconectada.

Hace días que no miro mis *e-mails* y mi móvil está sin batería, guardado en un bolsillo de la mochila porque no me he molestado en recargarlo. Pero no puedo seguir así; si no hablo con alguien del asunto voy a volverme loca. Se lo voy a contar a Massimo; al fin y al cabo, a él le interesan los misterios medievales; quizás me pueda ayudar a resolverlo.

–Pues yo también tengo algo que contarte –empiezo a decir, pero en ese mismo momento un grupo de turistas jubilados, precedidos por una guía que lleva un paraguas en alto, invade el patio de armas y se coloca entre Massimo y yo, interrumpiendo nuestra conversación. Da la casualidad de que los turistas son italianos, así que Massimo se une a ellos para escuchar las explicaciones de la guía.

–No te importa que te deje sola un momento, ¿verdad? Vuelvo pronto. Luego quiero que me lo cuentes todo.

Un poco frustrada, me siento a descansar a la sombra de una torre y me quedo dormida porque estoy agotada. Al cabo de un rato Massimo vuelve y me despierta.

7 patio de armas: espacio central por el que se entra a un castillo.

–¿Qué quieres que hagamos? –me pregunta–. ¿Quieres que vayamos a comer? La guía me ha recomendado un restaurante estupendo.

En el restaurante hay poca gente porque es todavía temprano. Yo pido botillo del Bierzo, un embutido típico de la comarca que se cuece con garbanzos y chorizo y tiene un fuerte sabor a pimentón[8]. Como Massimo no come carne, pide verduras salteadas y un rollito de queso de cabra. Tenemos mucha hambre y comemos en silencio hasta que terminamos los postres.

–Bueno, ahora sí que quiero que me lo cuentes todo –me dice.

–Sí; voy a contártelo –le digo–. La verdad es que necesito desahogarme[9]. Desde que salí de Roncesvalles llevo un peso extra, en la mochila y en la cabeza.

En ese preciso momento un camarero nos interrumpe para traernos la cuenta, que deja sobre la mesa. Es un papel impreso con tinta violeta, con el nombre del bar, el detalle de lo que hemos comido y el precio total de la comida; pero debajo, en la parte inferior, alguien ha escrito con pluma y tinta negra unas palabras con una caligrafía[10] perfecta, de manuscrito medieval:

"Solo es de fiar[11] aquel que un secreto sabe guardar".

El corazón me da un vuelco[12] en el pecho. Miro a mi alrededor y busco al camarero que ha traído la cuenta. No es el mismo que nos ha servido la comida. Me levanto deprisa para hablarle, pero él sale corriendo por la puerta antes de que yo pueda alcanzarle. Cuando llego a la calle, el hombre ha desaparecido. No hay ni rastro de él.

–Oiga, por favor –le pregunto al camarero que nos ha servido la comida–. ¿Quién ha escrito esto aquí?

El camarero mira el papel y me pregunta:

8 pimentón: especia que se consigue moliendo pimiento rojo seco.

9 desahogarse: compartir una pena o preocupación con otra persona para aliviar el estado de ánimo.

10 caligrafía: arte de escribir a mano.

11 ser de fiar: ser digno de confianza.

12 dar un vuelco el corazón: sentir de repente un susto o sobresalto muy grande.

–¿De dónde han sacado esto?

–Lo ha traído el camarero –respondo.

–¿Qué camarero? ¡Si estoy aquí solo y mi mujer no ha salido de la cocina! Yo soy el único que sirve las mesas aquí.

–Pues... un señor vestido de camarero –respondo confusa– que se acaba de marchar... No comprendo...

–Yo tampoco comprendo –dice el camarero–, pero la cuenta es correcta. Son 24 euros.

Pagamos y salimos a la calle. Yo estoy confusa. Está claro que ese supuesto camarero no quería que le contara nada a Massimo. ¿Pero cómo sabía que iba a hacerlo? ¿Hay alguien escuchando mis conversaciones? ¿Habrán puesto un micrófono secreto en mi mochila? O peor aún: ¿alguien está leyendo mis pensamientos?

–¿Qué te pasa? –me pregunta mi compañero–. Estás pálida.

–Nada, nada –miento.

–Vamos, quiero que me digas lo que te pasa. ¿Qué es lo que ibas a decirme antes?

–Nada importante; olvídalo.

–Como tú quieras –dice Massimo encogiéndose de hombros.

¿Cómo voy a contarle nada después de leer la nota? Yo soy de fiar y sé guardar un secreto pero ¿y si alguien me está utilizando para algún fin sucio? ¿Y si es una operación ilegal? ¿A quién favorece mi silencio? No estoy segura de nada; lo único que sé es que, cueste lo que cueste[13], debo llevar estos trozos de vidrio hasta la catedral de Santiago. Y que debo hacerlo en secreto.

13 cueste lo que cueste: por muy difícil que sea.

Los templarios

En la Edad Media había en Europa varias órdenes de caballería. Una de las más famosas fue la Orden del Temple, a cuyos caballeros se les llamaba templarios. Fue fundada por Hugo de Payns en Jerusalén en 1118, tras la primera Cruzada, para proteger a los peregrinos que iban a visitar los Santos Lugares[14]. Su nombre viene de su primer emplazamiento, cerca del Templo de Salomón.

Los templarios eran monjes guerreros, iban a la guerra, pero hacían los tres votos[15] monacales de obediencia, pobreza y castidad. Llevaban unas capas blancas con una cruz roja, símbolo de Cristo, y solían vivir en comanderías, comunidades mitad monasterio, mitad fortaleza. La orden llegó a tener gran poder económico y despertó muchas envidias[16]. Los monjes que no peleaban y se dedicaban a administrar las tierras y el dinero crearon un sistema económico que era como una forma de banco primitivo.

En España fueron muy poderosos. Construyeron iglesias y fortalezas por toda la Península, y los reyes les regalaban tierras, pueblos y castillos. Lucharon contra los musulmanes en la batalla de las Navas de Tolosa, la primera gran victoria de la Reconquista. Llegaron a tener tanto poder y riqueza que el rey Felipe IV de Francia, que les debía dinero, empezó a temerles y pidió al papa Clemente V que tomara medidas contra ellos.

En sus construcciones había una escultura llamada Bafomet, una cabeza con barba y pequeños cuernos, que representaba al conocimiento, pero sus difamadores[17] los acusaron de rendir culto al diablo. También los acusaron de herejía y de adorar a ídolos paganos. Tras ser torturados, algunos templarios confesaron y fueron quemados en la hoguera[18] y la orden fue disuelta por el Papa en 1312. Sin embargo, las leyendas que hablan de sus hazañas y de sus magníficos tesoros siguen vivas en la imaginación popular.

14 **Santos Lugares:** lugares donde se desarrollaron escenas de la Biblia, tanto del Antiguo como del Nuevo Testamento.

15 **hacer votos:** en la religión católica, promesas que se hacen a Dios.

16 **despertar envidia:** provocar, de manera involuntaria, que los demás quieran tener lo mismo que uno.

17 **difamador:** persona que habla mal de otra.

18 **hoguera:** fuego hecho al aire libre con muchas llamas.

A VER SI HAS ENTENDIDO

1 Responde a estas preguntas:

a ¿Qué ritual realiza Amy en la Cruz de Ferro?

b ¿Qué tiempo hace durante la etapa de Rabanal del Camino a Ponferrada?

c ¿Qué tiene de raro la cuenta del restaurante?

d ¿Cuántas personas trabajan en el restaurante?

e ¿Cómo iban vestidos los templarios?

f ¿Durante cuánto tiempo existió la Orden del Temple?

g ¿Qué es un Bafomet?

2 ¿Verdadero o falso?

	V	F
a En Las Médulas la vegetación es frondosa.	☐	☐
b Amy hace la etapa a Ponferrada en ocho horas.	☐	☐
c El río Sil pasa por Ponferrada.	☐	☐
d Ponferrada perteneció a los templarios.	☐	☐
e El castillo templario estaba unido a la ciudad por un puente.	☐	☐
f Todos los templarios luchaban en las Cruzadas.	☐	☐

3 Relaciona las informaciones::

La Cruz de Ferro •	• entregó Ponferrada a los templarios.
Los templarios •	• le interesan los misterios medievales.
El rey de León •	• estaba unido a la ciudad por un puente.
En Las Médulas •	• es una cruz situada en los Montes de León.
A Massimo •	• hay unas antiguas minas romanas.
El castillo •	• eran monjes guerreros.

4 Razona tus respuestas:

a ¿Cómo te imaginas el paisaje que rodea Las Médulas?

b ¿Por qué se sorprende Amy de encontrarse con Massimo?

c ¿Por qué cree que Massimo puede ayudarle a resolver el misterio de los vidrios?

d ¿Por qué decide finalmente no hablarle a Massimo sobre este misterio?

e ¿Crees que los templarios cumplían los tres votos que hacían?

5 Cuenta con tus propias palabras lo que ocurre en el restaurante cuando Amy y Massimo terminan de comer.

6 Enriquece tu vocabulario. Además de *pimentón*, ¿qué otras especias se utilizan para cocinar?

7 Sopa de letras. Encuentra ocho palabras relacionadas con los templarios.

Bafomet, monje, Papa, Temple, comandería, cruzada, hoguera, fortaleza

B	A	F	O	M	E	T	A	V	C
S	C	L	W	E	S	E	U	E	O
M	T	R	L	A	P	M	E	C	M
O	X	N	U	N	A	P	H	O	A
N	C	O	M	Z	P	L	R	N	N
J	U	R	A	P	A	E	U	V	D
E	A	X	I	V	I	D	D	E	E
H	H	O	G	U	E	R	A	N	R
D	I	G	W	E	Ñ	I	A	W	I
A	F	O	R	T	A	L	E	Z	A

Detalle del crucero de O Cebreiro

El Santo Grial

12 O CEBREIRO

Ya estoy en Galicia y siento que Santiago está cada vez más cerca. Desde que salí de Ponferrada, hace dos días, no he vuelto a encontrar ningún trozo de cristal ni nada que haga referencia al misterio de la catedral. De los 28 kilómetros que he andado desde que salí esta mañana de Vilafranca del Bierzo, los siete últimos han sido los más duros, pero he conseguido llegar a mi meta: un pueblo situado en lo alto de la sierra de los Ancares, que fue declarada Reserva de la Biosfera en 2006.

El pueblo se llama O Cebreiro y es uno de los más representativos del Camino de Santiago. Ha sido refugio de peregrinos desde el siglo IX pero se hizo célebre a partir de 1072, cuando el rey Alfonso VI puso el hospital de peregrinos en manos de los monjes franceses de San Gerardo de Aurillac.

La pendiente que asciende los casi 1300 m de altitud para llegar hasta aquí me ha dejado sin aliento, pero el paisaje brumoso[1] de bosques de castaños centenarios es tan bonito que ha merecido la pena.

1 **brumoso:** con bruma, niebla.

Lo primero que hago es ir a dejar la mochila al albergue, donde tengo que presentar mi credencial de peregrino para poder alojarme. Mi credencial está ya casi llena de sellos azules y violetas de los albergues e iglesias por los que he pasado.

En la recepción del albergue me encuentro con dos chicas que conocí en Roncesvalles: Katie, la inglesa, y Véro, la francesa. Ellas han hecho todo el Camino juntas.

–Amy, ¿eres tú? ¡Qué alegría! –dice Véro dándome un par de besos en las mejillas–. ¿Has venido andando todo el Camino?

–Sí, claro. ¿Y vosotras?

–Bueno, está mañana Katie tenía un problema en el pie y hemos hecho autoestop para subir hasta el pueblo, porque le dolía mucho. Tenemos un dilema[2] porque no sabemos si hay una ley de peregrinos que diga que no se puede ir en coche.

–Lo mejor es ir a la iglesia a hablar con el cura del pueblo y preguntarle si puede ponernos el sello en la credencial –dice Katie.

–Voy a ducharme y luego nos vemos en el pueblo –les digo.

–Vale, nos vemos dentro de una hora en el Crucero, un monumento de piedra con una cruz que está detrás de la iglesia –dice Véro.

En el albergue conozco a Xuso, uno de los voluntarios que trabaja de hospitalero y que se ofrece a servirme de guía.

–¿Has hecho sola la etapa de Vilafranca del Bierzo a O Cebreiro? –me pregunta.

–Sí, ¿por qué?

–Bueno, porque antiguamente esta etapa era muy temida porque había ladrones que asaltaban a los peregrinos. Otros bandidos trabajaban para los señores feudales[3] y exigían el pago de un tributo a cambio de protección.

2 dilema: duda entre dos cosas, una de las cuales hay que elegir.

3 señor feudal: en la Edad Media, el feudalismo era un sistema de gobierno basado en la obligación de fidelidad a cambio de tierras o rentas.

–Como los mafiosos.

–Exacto. Afortunadamente, esta práctica fue prohibida por el rey Alfonso VI y desterrada definitivamente por los caballeros templarios, que protegían a los peregrinos.

–No sabes lo que me alegro –respondo medio en broma.

Nos encontramos con Katie y Véro y vamos a dar un paseo por el pueblo, que conserva un conjunto de pallozas muy originales. Las pallozas son casas tradicionales, de planta redonda u ovalada, hechas de piedra de granito. Tienen el tejado de paja, de centeno o de brezo, y se adaptan muy bien a la dureza del clima de alta montaña de la sierra de los Ancares. Recuerdan a las primitivas casas de los celtas.

–¿No tienen ventanas? –le pregunto a Xuso.

–No, así protegen mejor del frío. ¿Ves lo inclinado que está el tejado? Es para que la nieve que se acumula en él resbale y caiga rápido al suelo. Hasta hace unos años, este era un pueblo deprimido[4] debido a la emigración, pero hoy vive principalmente de los turistas y los peregrinos.

En O Cebreiro todavía quedan varias pallozas. Una de ellas es ahora un museo etnográfico donde pueden verse muebles y utensilios antiguos.

–¿Xuso, puedes hacernos una foto? –pregunta Véro cuando pasamos por el museo–. Aquí, junto a la pared.

Ellas entran a ver el museo, pero Xuso y yo nos quedamos fuera.

–¿Tú eres de este pueblo?– le pregunto.

–Sí, yo soy de aquí. Mis padres vivieron en una palloza hasta mediados de los sesenta, pero se compraron una casa antes de que naciera yo y me alegro, porque no eran muy cómodas.

–¿Por qué?

4 **deprimido:** referido a un lugar, económicamente pobre, atrasado.

–Porque en las pallozas vivían juntos los hombres y los animales. Un muro central dividía el espacio de la familia del de los animales y los aperos[5]. Los animales daban calor, pero imagínate el olor. Mi abuelo no quiso moverse de la palloza familiar y aún vive en ella.

–¿Tu abuelo todavía vive en una palloza?

–Sí, tiene 96 años y vive solo. Ven, vamos a verlo. Es aquí al lado; le encanta recibir visitas.

El interior de la palloza es oscuro a pesar de la bombilla que cuelga del techo. Nada más entrar, el abuelo nos ofrece una copita de orujo[6]. Mientras bebo el líquido tan fuerte que me quema la garganta, contemplo las paredes de piedra de la palloza, donde cuelgan viejas fotografías familiares en blanco y negro. De repente un objeto, apoyado en el saliente de una piedra, me llama la atención: es un trozo de cristal roto, azul y dorado, que representa la hoja de una flor de lis.

–¿Y este trozo de cristal? –pregunto mientras me acerco para verlo mejor.

–Es una reliquia[7] de la catedral de Santiago –responde el abuelo–, lleva en mi familia desde hace muchas generaciones.

A mí no me cabe la menor duda: es uno de los trozos de la vidriera de la catedral; el trozo que me falta para mi puzle; el último y más grande de todos.

–¿Y cómo ha llegado hasta aquí?

–No lo sé, según mi padre lleva con nosotros desde hace ocho siglos. Es como un amuleto[8] que nos trae buena suerte y nos protege contra el mal.

–Pero esto no debería estar aquí –protesto–, debería volver a la catedral.

–Tal vez, pero yo ya estoy viejo y no viviré muchos años, ahora le toca a Xuso cuidar de él.

5 **aperos:** herramientas que se utilizan para trabajar la tierra.

6 **orujo:** bebida alcohólica que se obtiene mediante la destilación de los restos que quedan después de prensar la uva.

7 **reliquia:** objeto o prenda con valor sentimental que se considera digno de veneración. Cuando se refiere a reliquias religiosas, parte del cuerpo de un santo u otro elemento sagrado.

8 **amuleto:** objeto pequeño que normalmente se lleva encima y que se cree que aleja el mal y atrae el bien.

–Yo voy a Santiago, si usted quiere puedo llevarlo yo misma.

–¿Y por qué habría de confiar en usted? Mucha gente que va a Santiago no es de fiar. Yo no sé quién es usted; sólo sé que se llama Amy, pero ¿cuál es su apellido?

–Randall –contesto.

Al escuchar mi apellido el abuelo parece sorprendido. Se queda callado y me mira largo rato a los ojos, como si estuviera buscando algo en el fondo de mi mente, o de mi alma.

–Siempre me dijeron que un día un extranjero con su apellido vendría a buscarlo, pero nunca imaginé que fuera una mujer. Supongo que ya ha llegado el momento, pero ahora le toca a Xuso. Él es quien decide.

–Xuso –le digo–, tienes mi palabra de que volverá a la catedral. Yo misma lo llevaré a la cripta.

–Abuelo, ya sabe usted que yo no creo en las reliquias –protesta Xuso–, para mí es solo un trozo de vidrio. Si quiere llevárselo que se lo lleve.

–Cójalo pues –añade el abuelo–, ya es hora de que vuelva a su lugar, pero tenga muchísimo cuidado.

–Lo hará. Tiene mi palabra; volverá a su lugar –repito, mientras lo cojo y le quito el polvo con el pañuelo de seda que llevo al cuello. Limpio, el cristal parece cobrar vida y brillar con luz propia, como si presintiera[9] la cercanía de su destino final.

Nos despedimos del abuelo y salimos a la calle, por donde vemos llegar a Katie y a Véro, que vuelven del museo.

–¿Vamos a merendar algo? –pregunta Véro–. Tengo tanta hambre que parece que no he comido nada en todo el día.

Nos acercamos a una tienda y compramos pan, queso y dulce de membrillo[10] para merendar. El queso de Cebreiro es muy famoso; tiene forma de champiñón achaparrado[11], es cremoso y un poco ácido.

9 presentir: tener la sensación de que algo va a suceder, adivinar algo antes de que suceda por algunos indicios o señales.

10 dulce de membrillo: mermelada espesa hecha con membrillo y azúcar.

11 achaparrado: bajo y extendido.

Seguimos paseando hasta que llegamos a la iglesia de Santa María la Real, la más antigua del Camino de Santiago, que guarda una bella talla románica de la Virgen. Antiguamente en invierno las campanas de esta iglesia sonaban para que los peregrinos se orientaran en medio de la bruma. En una capilla lateral hay dos botes de cristal con algo dentro.

–¿Qué es eso? –pregunta Katie.

–Reliquias –contesta Xuso con una sonrisa torcida, mirándome de reojo[12]–. Son las reliquias del milagro.

–¿Qué milagro? –pregunta Katie.

–¿No habéis oído hablar del milagro de Cebreiro? Si es famosísimo en el mundo entero... Hasta dicen que Wagner se inspiró en él para componer la ópera *Parsifal*.

–¿Un milagro famoso en todo el planeta? Pues no lo conozco –dice Véro.

–Ni yo tampoco –añade Katie–. ¡Cuenta, cuenta!

Dejo a Xuso contándoles el milagro a mis compañeras y vuelvo al albergue a guardar el trozo de vidrio. Saco los otros de mi mochila, los extiendo sobre la cama y los contemplo. Son nueve, unos rojos, otros azules y otros dorados. Algunos encajan entre ellos, otros no, pero está claro que todos pertenecen a la misma vidriera. Por alguna extraña razón se desperdigaron[13] por todo el Camino de Santiago, y por otra, más extraña todavía, me toca a mí devolverlos a su lugar. Cueste lo que cueste, voy a seguir adelante hasta conseguirlo.

12 mirar de reojo: mirar con disimulo dirigiendo la vista por encima del hombro o hacia un lado y sin volver la cabeza.

13 desperdigar: esparcir, separar.

El milagro del grial

Cuentan que allá por el año 1300, un día de tormenta, frío, nieve y viento, un campesino llamado Juan Santín, que vivía en la cercana aldea de Braxamaior, a 4 km de O Cebreiro, se fue andando hasta la iglesia de Santa María para asistir a misa.

Hacía tan mal tiempo que en la iglesia no había nadie. El monje francés que iba a oficiar la misa pensó que como no había feligreses[14] podría marcharse. Por eso no se alegró de ver llegar al campesino y se burló de[15] él diciéndole que no valía la pena hacer todo ese camino desde su aldea, con viento y lluvia, solo para comer un poco de pan y beber un poco de vino. El monje había perdido la fe y oficiaba las misas por obligación.

El campesino no dijo nada, pero en el momento de la consagración[16] ocurrió un milagro: la hostia[17] se convirtió en carne y el vino en sangre, y esta comenzó a hervir en el cáliz[18], derramándose y manchando el altar y todos los objetos litúrgicos.

El monje se quedó muy sorprendido y la escultura de la Virgen del Remedio, una talla medieval que todavía puede verse en la capilla, inclinó la cabeza para contemplar el milagro.

En 1486 los Reyes Católicos pasaron por aquí en su peregrinación a Santiago y ofrecieron dos relicarios de cristal para guardar las reliquias que están todavía en la capilla.

Los peregrinos difundieron el relato del milagro, que corrió por toda Europa e inspiró a diversos artistas, incluido Wagner, por eso se dice que la ópera *Parsifal* se inspira en el milagro.

Dicen también que en los dos mausoleos[19] que hay en la capilla están enterrados los protagonistas del milagro, el monje de Aurillac y Juan Santín, el campesino. Cada año, en el mes de septiembre, se celebran las Fiestas del Santo Milagro, que conmemoran el hecho. También se organiza una romería a la que acuden unos 80 000 personas.

14 **feligrés:** en la Iglesia católica, persona que pertenece a la iglesia de un determinado barrio o población.
15 **burlarse de algo o alguien:** reírse de algo o alguien.
16 **consagración:** el momento más importante de la misa en el culto católico, cuando el sacerdote mediante unas palabras convierte simbólicamente el pan (la hostia) y el vino en el cuerpo y la sangre de Cristo.
17 **hostia:** hoja redonda y delgada de pan ácimo, que se consagra en la misa y con la que se comulga.
18 **cáliz:** vaso sagrado de oro o plata que sirve en la misa para echar el vino que se va a consagrar.
19 **mausoleo:** tumba monumental.

A VER SI HAS ENTENDIDO

1 Responde a estas preguntas:

a ¿Cuánto tiempo tarda Amy desde Ponferrada a O Cebreiro?

b ¿Cómo saluda Véro a Amy?

c ¿Por qué hacen autoestop Véro y Katie?

d ¿A quién compara Amy con la mafia?

e ¿Por qué tienen las pallozas tejados inclinados?

f ¿Qué regalaron los Reyes Católicos a la iglesia de O Cebreiro?

2 Relaciona:

Los peregrinos •	• son casas tradicionales sin ventanas.
O Cebreiro •	• es suave y algo ácido.
Las pallozas •	• vivían juntos las personas y los animales.
Xuso •	• vivía en Braxamaior.
Los Reyes Católicos •	• difundieron el relato del milagro.
En las pallozas •	• pasaron por O Cebreiro en 1486.
Juan Santín •	• ha sido refugio de peregrinos desde el siglo IX.
El queso de O Cebreiro •	• no cree en las reliquias.

3 ¿Verdadero o falso?

	V	F
a O Cebreiro fue fundado por el rey Alfonso VI.	☐	☐
b Véro se alegra de ver a Amy de nuevo.	☐	☐
c Xuso y Amy visitan el museo etnográfico.	☐	☐
d Los Reyes Católicos peregrinaron a Santiago.	☐	☐
e Las fiestas del Santo Milagro se celebran en primavera.	☐	☐
f O Cebreiro está situado a más de 1 000 m de altitud.	☐	☐

4 Señala la respuesta correcta:

A. O Cebreiro es...

a un pueblo deprimido de la sierra de los Ancares que vive del turismo.

b un pueblo gallego de alta montaña que vive del queso.

c un pueblo de la sierra de los Ancares con tradicionales pallozas.

B. El queso de O Cebreiro es...

a suave y cremoso.

b cremoso y un poco ácido.

c suave y tiene forma de champiñón.

C. Las pallozas son...

a casas sin ventanas con tejados inclinados de piedra.

b casas con muros de piedra y con ventanas ovaladas.

c casas de piedra con tejados de paja.

5 Utiliza las notas de Amy y escribr un texto sobre O Cebreiro.

- 1 300 m altitud, sierra de los Ancares (Reserva Biosfera 2006).
- Clima de alta montaña.
- Muy célebre desde XI, Alfonso VI hospital de peregrinos a monjes franceses.
- **Productos típicos:** queso, cremoso y algo ácido.
- **Datos de interés:** museo etnológico, casas tradicionales-pallozas (redondas u ovaladas/sin ventanas/muros piedra de granito/tejados paja, centeno o brezo/hombres y animales juntos); iglesia de Santa María la Real (más antigua del Camino/talla de la Virgen románica/ofrenda de los Reyes Católicos /célebre milagro del grial, quizás inspiró *Parsifal* Wagner).
- **Fiestas:** feria y romería multitudinaria/septiembre.

6 Véro saluda a Amy dándole un par de besos en las mejillas. ¿Cómo saludas tú? ¿Cuáles son las formas de saludo en tu país? ¿Hay diferencias según el sexo, la edad, etc.?

Catedral de Santiago de Compostela

Conversación en la cripta

13

SANTIAGO DE COMPOSTELA

Lleva lloviendo una semana. Desde que salí de O Cebreiro la lluvia no ha parado de caer y entro en Santiago toda empapada; sin embargo, cuando llego a la plaza del Obradoiro, donde está la catedral, de repente sale el sol y la majestuosidad del sitio y la emoción de haber llegado me ponen la piel de gallina[1]. La plaza está llena de gente: de peregrinos con mochilas, bastones y conchas que llegan de diferentes países; de turistas con cámaras haciéndose fotos con la catedral al fondo; de vendedores de recuerdos; de madres que empujan cochecitos de bebé; de vecinos que van a trabajar o hacer compras y que pasan deprisa hablando por el móvil; de tunos[2] que cantan acompañados de guitarras...

A mi alrededor se habla inglés, francés, español, italiano, gallego... una mezcla de lenguas que me hace pensar en la Edad Media, cuando esta plaza ya era tan internacional como ahora. Pienso que si cambiamos los vaqueros y las chaquetas de la gente por hábitos[3] medievales y las gorras por sombreros de fieltro, la escena podría ser muy parecida a la de antaño[4]. Hay un aire de fiesta en el aire y a pesar de estar en el noroeste de España siento como si estuviera en el corazón de Europa.

1 piel de gallina: piel con el vello erizado, a causa del frío o una emoción.
2 tuno: miembro de una agrupación musical de estudiantes que se llama tuna.
3 hábito: traje o vestido que utilizan los religiosos y religiosas.
4 antaño: forma antigua que significa en el pasado.

De repente, entre todas las voces, distingo una con un fuerte acento americano que me resulta familiar.

–Me encanta este ángulo pero la luz no es buena. Creo que tendré que volver mañana para los exteriores. Ahora me apetece trabajar dentro.

Al volverme me encuentro cara a cara con la enorme lente de la cámara fotográfica de Jack, el fotógrafo que conocí en Burgos y que lleva ya una semana en Santiago. Tras saludarnos me presenta a Xelís, que le hace de guía. De repente, empieza a llover de nuevo.

–Esto es normal –dice Xelís–. En Santiago tenemos una media de unos 325 días de lluvia al año.

Pero no me importa que llueva. La lluvia resalta la belleza de la ciudad. Como muchos de los edificios del casco histórico fueron construidos con piedra de granito, los miles de gránulos cristalinos que hay en la piedra brillan al mojarse. En las calles empedradas, las enormes losas del suelo parecen joyas relucientes.

Yo estoy eufórica por haber llegado hasta aquí, pero todavía me falta lo más difícil: encontrar la cripta y devolver los trozos de vidrio sin que me vea nadie, sobre todo la policía. Lo primero que tengo que hacer es entrar en la catedral, pero hay tanta gente que no sé cómo voy a conseguirlo.

La catedral, que se alza sobre una gran escalinata de granito, es impresionante. Ya he visto la de León y la de Burgos, que me han gustado más desde el punto de vista arquitectónico, pero esta impresiona por su grandeza y por lo que significa: la meta del Camino.

Con la mochila a la espalda subo con Jack y Xelís las escalinatas para entrar a la catedral por el Pórtico[5] de la Gloria, posiblemente la obra románica más bella del mundo. Mientras Jack hace fotos, Xelís se ofrece a hacerme de guía.

–Las esculturas representan el Juicio Final[6] –me explica– y la figura del parteluz[7] representa a Santiago.

5 pórtico: estructura cubierta y con columnas que se construye en templos y otros edificios suntuosos.

6 Juicio Final: en el cristianismo día del fin del mundo, en el que Dios juzgará a los hombres según sus actos y creará un cielo y una tierra nuevos.

7 parteluz: columna que divide en dos el hueco de una ventana.

A pesar de que hay muchísima gente, yo estoy dispuesta a seguir todo el ritual de los peregrinos. No soy creyente y por momentos me siento un poco ridícula, pero al mismo tiempo me emociona sentirme unida por el ritual que han seguido durante siglos millones de seres humanos.

La catedral también está llena de gente y en los confesionarios[8] se confiesa en varias lenguas. Cuando anuncian que va a empezar la misa de doce, Jack se prepara para fotografiar el *Botafumeiro*, uno de los símbolos más populares de la catedral de Santiago. Es un enorme incensario[9] del siglo XVI que se balancea colgando del techo de la catedral de un lado al otro, perfumando el ambiente de incienso[10]. Pesa tanto que tiene que ser tirado por varios hombres.

–Me fascina el perfume del incienso –dice Jack.

–¿Cómo dices que se llama eso? –pregunto.

–*Botafumeiro* –responde Xelís–. Significa "echa humo" en gallego.

En la catedral, la marea[11] de gente continúa y yo sigo visitando capillas y retrasando el momento de buscar la cripta. Siento un dolor en el estómago, pero no necesito ser médico para saber que es miedo. Sí, tengo miedo, pero he recorrido todo este camino para llegar hasta aquí y ahora no puedo volverme atrás. Por alguna razón desconocida tengo que cumplir esta extraña misión, y cuanto antes baje a la cripta antes resolveré el misterio.

Respiro hondo y sigo las indicaciones que llevan hasta la cripta pero, como suponía, está cerrada al público. Hay una cinta roja y blanca delante de la entrada y una nota que dice: PROHIBIDO EL PASO. Un hombre con uniforme monta guardia para asegurarse de que nadie entra. Tengo que buscar una manera de distraerlo. Voy a buscar a Jack para que me ayude.

–¿Puedes hacerme un favor? –le pregunto–. ¿Puedes distraer un momento al guardia que vigila la cripta?

–¿Para qué? Creo que está bajo investigación policial, por un robo o no sé qué.

8 **confesionario:** en las iglesias católicas recinto aislado donde el sacerdote escucha a cada persona de forma individual y le perdona sus pecados en nombre de Dios.

9 **incensario:** pieza de metal con cadenas y tapa que se utiliza para quemar el incienso.

10 **incienso:** resina de un árbol oriental, de olor aromático al arder, que se quema en ceremonias religiosas.

11 **marea:** multitud, masa de gente.

–Ya lo sé.

–¿Entonces, por qué te interesa tanto entrar?

–No puedo decírtelo todavía. Sé algo que puede ayudar a la investigación, pero no puedo hablar con la Policía. Antes tengo que comprobar algo.

Jack me mira con ojos maliciosos[12], como reprochándome algo.

–Yo no he hecho nada malo –le aseguro–. ¿Vas a ayudarme o no?

–De acuerdo, pero si pasa algo yo no te conozco.

Mientras Jack entretiene al guardia me deslizo junto a la pared y, sin que nadie me vea, bajo los escalones de la cripta. Una bombilla ilumina la estancia con una luz tenue. En un tablero montado sobre dos caballetes[13] está la vidriera románica que he visto en la tele; me detengo a mirarla y veo que está rota, incompleta.

–Hasta ahora ha sido imposible repararla –dice una voz que parece llegar de la oscuridad–, pero ahora ha llegado el momento de la restitución. Sabía que vendría, señorita Randall.

El corazón me da un vuelco en el pecho. Me doy la vuelta y reconozco al hombre que vi en el panteón de los Reyes de San Isidoro de León; el hombre que me mostró la inscripción en latín que decía *"Nunca segundas partes fueron buenas"*. Ahora sé que se refería a los trozos nuevos con los que no se ha podido restaurar la vidriera.

–¿Los ha traído? –me pregunta.

–¿Quién es usted?

–Digamos que un antiguo amigo de su familia.

–¿De mi familia? No creo que ningún miembro de mi familia tenga amigos en España. ¿Qué quiere de mí?

–Que restituya a la catedral lo que le pertenece.

–¿Pero por qué yo? ¿Qué tiene esto que ver conmigo?

–Lo comprenderá cuando la vidriera esté completa de nuevo. ¿Los tiene todos, los nueve?

12 malicioso: que piensa mal sobre alguien.

13 caballete: estructura plegable que sirve de apoyo para montar una mesa ocasional.

Asiento con la cabeza y con cuidado dejo mi mochila en el suelo y abro la cremallera. Desenrollo mi toalla y voy sacando, uno a uno, los trozos de vidrio. Se los ofrezco; él los observa y los va colocando sobre la vidriera, completándola como un puzle. Cuando está completa, una luz brillante ilumina la cripta, como si de repente se hubieran encendido decenas de bombillas halógenas.

–Ahora ya todo está como tenía que estar –afirma el hombre con solemnidad–. Las reliquias sagradas han sido restituidas y la vidriera podrá volver a su sitio. Sabía que usted lo lograría –añade satisfecho–. Ya ha cumplido su misión; ahora ya puede marcharse tranquila.

–¿Marcharme? ¿Cómo quiere que me marche así? Necesito saber qué es todo este misterio. ¿Qué tiene todo esto que ver conmigo?

–Yo no puedo contarle nada, pero si quiere saber la verdad tendrá que ir hasta Finisterre. Allí, frente al océano, al borde de un acantilado[14], hay una pequeña ermita románica. La llave está en el hueco del roble que hay al lado. Busque detrás del altar; allí encontrará la respuesta.

–Pero...

–Gracias –dice el hombre–, gracias por restituir a la historia lo que es suyo –y a continuación se da la vuelta y desaparece por las escaleras de la cripta. Cojo mi mochila y salgo corriendo tras él.

–¡Espere!

–¡Oiga, usted no puede estar aquí! –me grita el guardia que me ve salir de la cripta.

Hago un gesto de disculpa con las manos y empiezo a correr de un lado a otro buscándolo entre la gente, pero me es imposible encontrarlo entre la multitud.

¿Qué es todo esto?, me pregunto. Yo pensaba que devolver los vidrios a la cripta sería suficiente, pero aún no he descubierto nada. He

14 acantilado: costa del mar cortada verticalmente.

cumplido mi misión, pero el misterio está sin resolver y no puedo volver a Inglaterra sin conocer el significado de todo esto.

Quedan demasiadas preguntas sin contestar: ¿Quién es ese hombre que parece saber tanto sobre mí? Ha hablado de mi familia, pero ¿qué tiene que ver mi familia con todo esto? ¿Y si me ha engañado y en Finisterre no hay nada? ¿Y si es una trampa para secuestrarme o algo por el estilo?

Tranquila, me digo, si alguien quiere secuestrarme o hacerme daño, ha tenido muchas oportunidades de hacerlo a lo largo de todo el Camino de Santiago. Sea lo que sea, tengo que resolver este misterio.

Mientras doy vueltas al problema en mi cabeza me acerco a la oficina del peregrino a recoger la compostela. Pienso enmarcarla y ponerla en la pared de mi despacho, o mejor, publicarla en la revista junto con mi reportaje. Sin embargo, todavía no puedo comprar el billete de vuelta. Para Jack, para los compañeros que he ido encontrando durante el viaje y para la mayoría de los peregrinos, el Camino de Santiago termina aquí, pero para mí no ha terminado todavía.

Ritual de llegada del peregrino

Todos los peregrinos que llegan a Santiago y entran a la catedral por el pórtico de la Gloria siguen un ritual preciso. Lo primero que hacen es poner la mano en el parteluz donde está la figura de Santiago. Allí hay una huella profunda en forma de mano que se ha hecho en la piedra, a lo largo de los siglos, por el tacto de las manos de millones de peregrinos. Al poner la mano en la piedra hay que pedir tres deseos.

Después de haber pedido los deseos, el peregrino pasa detrás del parteluz y se arrodilla para dar tres cabezazos[15] a una figura misteriosa. Los compostelanos[16] le llaman en gallego *O Santo dos Croques*, el Santo de los Coscorrones[17]. Dicen que hay que darle tres coscorrones para que el santo les pase algo de su inteligencia.

Los historiadores dicen que la cabeza representa al maestro Mateo, el escultor del pórtico de la Gloria, pero hay quien asegura que hace referencia al Bafomet, la misteriosa cabeza que adoraban los Caballeros Templarios y que representaba el conocimiento.

A continuación, el peregrino entra en la catedral y se dirige hacia la parte de atrás del altar, donde está el camarín[18] con la imagen del apóstol. La gente hace largas colas para subir los estrechos escalones y pasar, uno a uno, a abrazar al santo. Después hay que ir a la oficina de los peregrinos, donde al mostrar la credencial con todos los sellos de albergues e iglesias, el peregrino obtiene la compostela, el documento oficial que acredita que ha hecho el Camino de Santiago hasta el final.

Si se registra antes de la misa de las doce del mediodía, el peregrino puede escuchar su nombre pronunciado durante la celebración, cuando se nombra a los peregrinos que han llegado ese día a Santiago.

Antes de emprender el camino de vuelta muchos peregrinos compran una *figa* en la plaza de la Azabachería. La *figa* es un amuleto de azabache que protege a los peregrinos en su viaje de vuelta a casa.

15 cabezazo: golpe dado con la cabeza.
16 compostelano/a: habitante de Santiago de Compostela.
17 coscorrón: leve golpe en la cabeza.
18 camarín: pequeña capilla situada detrás del altar.

A VER SI HAS ENTENDIDO

1 Responde a estas preguntas:

a ¿Por qué dice Amy que la plaza del Obradoiro es muy internacional?

b ¿Con quién se encuentra Amy en esta plaza?

c ¿Quién fue el escultor del pórtico de la Gloria?

d ¿Qué ocurre cuando los nueve trozos de vidrio quedan colocados en la vidriera?

e ¿Qué piensa hacer Amy con su compostela?

f ¿Qué es una *figa*?

2 Une las informaciones según el texto:

En Santiago •	• es un inmenso incensario del siglo XVI.
Jack •	• representa al maestro Mateo.
El *Botafumeiro* •	• acredita que se ha hecho el Camino de Santiago.
Los peregrinos •	• ponen la mano en el parteluz con la talla del santo.
La compostela •	• se alza sobre una gran escalinata de granito.
La catedral •	• llueve una media de unos 325 días al año.
O Santo dos Croques •	• se prepara para fotografiar el botafumeiro.

3 ¿Verdadero o falso?

	V	F
a Jack llega a Santiago dos días antes que Amy.	☐	☐
b Las esculturas del Pórtico de la Gloria representan el Juicio Final.	☐	☐
c Jack ayuda a Amy entreteniendo al guardia.	☐	☐
d Amy está sola en la cripta.	☐	☐
e En Santiago de Compostela Amy da por terminado su viaje.	☐	☐

4 ¿Qué otras muchas lenguas podría oír Amy en la plaza del Obradoiro y en qué países se hablan?

5 **Relaciona cada personaje con sus objetos:**

madres •	• guitarras
peregrinos •	• cochecitos de bebé
vecinos •	• conchas de vieira
turistas •	• móviles
vendedores •	• recuerdos
tunos •	• cámaras de fotos
	• bastones
	• mochilas

6 **Escribe un pequeño texto turístico sobre Santiago de Compostela con los siguientes datos:**

- **Historia:** fundada en el siglo IX, después del supuesto hallazgo del sepulcro de Santiago el Mayor; destruida por Almanzor y reconstruida en el siglo XI. Patrimonio de la Humanidad desde 1985. Célebre por ser el lugar de peregrinaje cristiano más importante después de Jerusalén y Roma, final del Camino de Santiago. Capital de la Comunidad Autónoma de Galicia desde 1982. Importante universidad pública.
- **Población:** 95 000 habitantes más población universitaria (30 000 h).
- **Ubicación geográfica:** noroeste de Galicia, a unos 40 km de la costa y a 600 km de Madrid.
- **Gentilicio:** santiagués/a, compostelano/a.
- **Lenguas oficiales:** castellano y gallego.
- **Principales lugares de interés:** plaza del Obradoiro, catedral, palacio de Raxoi (Ayuntamiento actual), colegio de San Jerónimo (actual rectorado de la Universidad), hostal de los Reyes Católicos, palacio de Gelmírez (palacio arzobispal).
- **Clima:** lluvioso y húmedo; 20-25° en verano, 8-10° en invierno.
- **Fiestas:** Fiestas del Apóstol Santiago, 2ª quincena de julio; Romería de San Lázaro (marzo o abril); magostos y castañas en la calle (noviembre).
- **Transportes:** aeropuerto de Santiago (10 km del centro); estación de Renfe y estación de autobuses.

Señal del km 0 en el Camino de Santiago

Misterio resuelto

14 FINISTERRE

He recibido un *e-mail* de mi redactora jefe donde me pregunta cuándo voy a volver a Londres. Ha previsto publicar mi reportaje en el próximo número de la revista y dice que tengo que empezar a trabajar. Yo también estoy impaciente por volver a casa, pero antes tengo que hacer algo: tengo que ir hasta Finisterre, donde en la antigüedad se creía que estaba el fin de la Tierra. La gente pensaba que más allá del mar se terminaba el mundo y había un gran abismo lleno de monstruos y peligros.

En Europa hay tres lugares llamados así al borde del océano Atlántico: Land's End, en Cornualles (Gran Bretaña); Finisterre, en Bretaña (Francia), y Finisterre, en la costa gallega, a 93 km de Santiago de Compostela.

He de ir hasta allí a buscar la ermita románica donde está la solución al enigma que me ha perseguido durante todo el Camino.

Al día siguiente de llegar a Santiago alquilo un coche y salgo de camino hacia la costa. La carretera se termina y tengo que dejar el coche y caminar un kilómetro hasta la ermita que está justo al borde del acantilado, mirando al océano. Es una construcción diminuta[1], realizada con piedra de granito y que ha soportado durante siglos la lluvia y el viento marino. El pórtico de la misma está decorado con figuras de animales y monstruos.

La puerta está cerrada, pero meto la mano en un agujero que hay en el tronco del roble que crece junto a la ermita y encuentro una llave oxidada. La meto en la cerradura, la giro con cuidado y empujo la pesada puerta centenaria, que chirría[2] al abrirse. En el interior todo está a oscuras, hace frío y huele a humedad. Solo se distingue el altar, gracias a la luz que llega a través de un rosetón con una flor de lis que está situado sobre la puerta.

Me acerco hasta el altar y descubro que debajo hay una piedra enorme que parece un megalito[3]. Pienso que quizás este sitio fue antiguamente un lugar de culto celta y que la iglesia fue construida a su alrededor.

Me arrodillo y busco por debajo del megalito. Afortunadamente he traído una linterna. Palpo[4] en los huecos de la piedra hasta que mi mano toca algo blando, lo retiro con cuidado y veo que es un pergamino envuelto con una tela vieja y roída[5]. Salgo de la iglesia y me siento debajo del roble, de cara al océano.

Con mucho cuidado desenrollo el pergamino y descubro un texto escrito en castellano antiguo, con una caligrafía perfecta, como las de los manuscritos iluminados de los monjes medievales. Aunque la tinta está deslavada por los siglos, todavía puede leerse:

En el año 1309 de Nuestro Señor, yo, John de los Randall de Shropshire, masón[6] de profesión y extranjero en estas tierras, dicto

1 diminuta: muy pequeña.
2 chirriar: hacer un sonido desagradable al rozar con otra cosa.
3 megalito: monumento construido con grandes piedras sin labrar, de épocas muy antiguas.
4 palpar: tocar algo con las manos para reconocerlo por el tacto.
5 roído: gastado, muy estropeado.
6 masón: en el texto significa constructor de casas y edificios (del francés *maçon*).

estas palabras a mi confesor[7] en mi lecho de muerte, con la esperanza de que algún día uno de mis descendientes pueda redimir[8] mis faltas y ayudar a salvar mi alma.

No volveré a ver a mis hijos y ese será mi castigo porque soy un pecador, pero antes de morir quiero contar mi historia por si algún día llega hasta mis descendientes. Si alguno puede reparar[9] mis errores yo podré descansar en paz.

Cuando mis hijos eran pequeños dejé a mi mujer sola en Shropshire para emprender el Camino a Santiago de Compostela. Yo era pobre y como no tenía suficiente trabajo, más de una vez robé para darles de comer. El juez me condenó a ir a Santiago, pero en lugar de hacer un peregrinaje a pie, me embarqué hasta Finisterre y llegué a Galicia bordeando la costa. No tenía nada y para sobrevivir me vi obligado a robar y a engañar a los verdaderos peregrinos que habían llegado a Santiago a pie. Cuando logré, con mentiras, obtener la compostela para mostrársela al juez, quise volver a Inglaterra, pero no tenía forma alguna de pagarme el viaje.

Desesperado, intenté robar la vidriera sagrada cuya luz iluminaba la tumba del santo en la catedral a las doce del mediodía, anunciando la hora del comienzo de la misa. Pensé que si lograba venderla me haría rico. Cuando cerraron la catedral me escondí y pasé toda la noche arrancando la vidriera, pero al amanecer estaba tan cansado que me quedé dormido y el sacristán me sorprendió. Al querer escapar con ella la vidriera se rompió y solo pude llevarme nueve trozos.

Huyendo de la catedral emprendí el Camino de Santiago al revés. Como no tenía dinero, empecé a cambiar, por comida y cobijo[10], los trozos de la vidriera sagrada como reliquias que habían iluminado la tumba del santo.

7 confesor: en el catolicismo, religioso al que una persona cuenta sus malas acciones para obtener el perdón.
8 redimir: poner fin a un dolor u otra desgracia.
9 reparar: corregir, remediar.
10 cobijo: refugio, lugar en el que una persona está protegida del mal tiempo y de posibles peligros.

El primer trozo de vidrio, el más grande, lo cambié en O Cebreiro a un monje de Aurillac por un cabritillo asado.

El segundo en Castrillo de los Polvazares, por un cocido maragato que me sustentó[11] *durante varios días.*

El tercero en Astorga, por una pelliza de piel de oso para protegerme del frío.

El cuarto en Burgos, por una espada para protegerme de los bandidos que acechaban[12] *en el camino.*

El quinto lo vendí en Santo Domingo de la Calzada por 50 escudos de oro, para saldar una deuda[13] *de juego.*

El sexto se lo cambié a un monje del monasterio de San Millán de Suso, por unas hierbas medicinales para curarme de unas fiebres.

El séptimo, y que Dios me perdone, se lo regalé en Estella a una mujer que no era la mía.

El octavo lo cambié en Puente la Reina por un burro para no tener que andar más.

Y el noveno lo vendí en Roncesvalles para comprar provisiones para atravesar los Pirineos.

Emprendí el camino hacia Francia con la intención de volver a Inglaterra, pero cuando estaba en lo más profundo del desfiladero de Valcarlos, volvieron a atacarme las fiebres y un monje me recogió medio muerto en el camino; pero ni las hierbas con las que me cuida podrán ayudarme.

Sé que nunca volveré a Inglaterra y estoy sinceramente arrepentido de haber profanado[14] *la tumba de Santiago. Mi única esperanza de salvación es que un día alguien que lleve mi misma sangre haga el Camino de Santiago con el corazón puro y limpio, encuentre los trozos que robé y los devuelva a la catedral para reconstruir la vidriera. Ese día mi alma descansará por fin en paz.*

11 sustentar: proporcionar a alguien el alimento necesario.

12 acechar: observar cautelosamente con algún propósito.

13 saldar una deuda: cobrar o pagar una deuda.

14 profanar: tratar algo sagrado sin respeto.

Al leer el texto comprendo por qué tenía que encontrar yo los trozos de la vidriera sagrada. No sabía que un miembro lejano de mi familia había hecho el Camino de Santiago al revés, y que había muerto en el intento, arrepentido de ser un ladrón.

No comprendo qué fuerzas ocultas se han puesto en marcha para que lo haya conseguido, pero me alegro de haber perseverado[15]. Varias veces estuve a punto de dejarlo; ahora me siento orgullosa de mí misma por no haberlo hecho, por haber sido constante y haber restituido a la catedral lo que robó mi antepasado.

Pensando en él, en John de los Randall de Shropshire, hago un ramo de flores silvestres y lo echo al mar, como una ofrenda, para que su alma descanse en paz.

–Ya he cumplido mi misión –digo en voz alta, por si puede oírme–, ahora ya podemos volver los dos a casa.

15 perseverar: mantenerse constante para terminar lo que se ha empezado.

UN POCO DE HISTORIA

1 El antepasado de Amy cuenta dónde vendió o cambió los nueve trozos de vidrio de la vidriera de la catedral de Santiago de Compostela. ¿Recuerdas cómo los encontró ella? Une cada lugar con las circunstancias del hallazgo.

Roncesvalles •	• Se lo dio un hombre con traje de maragato.
Puente la Reina •	• Lo encontró bajo la pata del caballo del Cid.
Estella •	• Lo halló en un pergamino en la colegiata de Nuestra Señora.
San Millán de la Cogolla •	• Estaba en el hueco de un tronco en el río Sarga.
Santo Domingo de la Calzada •	• Estaba en el interior de una palloza.
Burgos •	• Lo halló en la escalinata de la iglesia de San Pedro de Rúa.
Astorga •	• Lo halló en una grieta del empedrado del monasterio de San Millán de Suso.
Castrillo de los Polvazares •	• Se lo arrojó el gallo de la catedral.
O Cebreiro •	• Estaba en el bolso de una señora.

2 ¿Recuerdas los nombres y nacionalidades de los peregrinos con los que Amy se ha encontrado a lo largo del Camino y cómo lo hacen ellos?

____

____

____

3 Escribe algunas palabras que has aprendido a lo largo del libro.

____

____

____

4 Cuenta una de las leyendas que relata Amy en alguna de las etapas del Camino.

____

____

____

____

____

____

5 De las ciudades por las que ha pasado nuestra protagonista, ¿hay alguna en especial que te gustaría visitar? ¿Por qué?

____

____

____

6 Imagina que vas a hacer el Camino de Santiago. ¿Vas solo/a o en compañía? ¿Lo haces a pie, en bicicleta, a caballo? ¿Qué tipo de alojamiento eliges...? ¿Lo haces por turismo, para conocerte a ti mismo/a, para hacer amigos...?

____

____

____

____

____

____

Las soluciones de las actividades en
www.difusion.com/camino_soluciones